Gospel Journey
ゴスペルジャーニー

君に贈る5つの話

宮平 望［著］
Miyahira Nozomu

新教出版社

目次

はじめに……7
第1章　アリストテレスへの旅……13
現実と経験
1　アリストテレスの旅路……13
2　アリストテレスの世界……15
3　アリストテレスと聖書……19
4　アリストテレスと神学……29
5　アリストテレスと現代……37
第2章　プラトンへの旅……40
理念と対話
1　プラトンの旅路……40

2　プラトンの世界……42
3　プラトンと聖書……49
4　プラトンと神学……58
5　プラトンと現代……64

第3章　ギリシャへの旅……66
ギリシャ神話とキリスト教会
1　アテネとコリント……66
2　テサロニケとフィリピ……81
3　キプロスのパフォス……87
4　クレタ島のイラクリオン……91
5　クレタ島のアギオス・パブロス……94

第4章　トルコへの旅……97
イスラム教とキリスト教
1　イズニック……97
2　イスタンブルのアヤソフィア……101
3　イスタンブルのアヤ・イリニ……105

4　カドュキョイ……107
5　エフェソ……108

第5章　イスラエルへの旅……114
ユダヤ教とキリスト教
1　エルサレム……114
2　ベツレヘム……128
3　ガリラヤ湖畔……133
4　カナ……138
5　ナザレ……140

おわりに……142

はじめに

このエッセー集は、拙著『ゴスペルエッセンス』、『ゴスペルフォーラム』、『ゴスペルスピリット』、『ゴスペルハーモニー』（以上、新教出版社）の続編です。今回は特に二〇一九年前期、四月から半年の在外研究でイギリスを中心として欧州と中東に滞在していた時の追想と、在外研究開始の数か月前、二〇一九年一月から紐解いていた西洋思想の原点であるアリストテレスとプラトンの著作への回想を収録しています。尚友《しょうゆう》生活を送る者にとっては、訪問する場所だけでなく耽読する著作も旅先になります。したがって、主として第1章と第2章は古代哲学への旅、第3章と第4章と第5章は古代遺跡への旅としました。

まず、本書を出版するに当たり、各章の経緯に触れたいと思います。

第1章は、一月一八日から三月三〇日まで読んでいた『アリストテレス全集　全17巻』（岩波書店／一九六八―一九七三年）の中から、特にユダヤ・キリスト教的な関心に基づいて印象に残った点をまとめたものです。アリストテレスの生涯については第2章のプラトンの生涯と同様に、最近のサイモン・ブラックバーン監修（熊野純彦日本語版監修）『図鑑世界の哲学者』（東京書籍／二〇二〇年、原書二〇一九年）やウィル・バッキンガム他著（小須田健訳）『哲学大図鑑』（三省堂／二〇一二年、原書二〇一一年）等を参照し、各章の冒頭に「旅路」と題してまとめました。

第2章は、同様にして一月一九日から在外研究出発の前日四月七日まで読んでいた『プラトン全集　全15巻、別巻』（岩波書店／一九七四―一九七八年）のまとめです。『アリストテレス全集』と『プラトン全集』の第一巻は同時に読み始めたのですが、第二巻からは最後の巻を除いて『アリストテレス全集』に集中し、その後に『プラトン全集』を読み終えました。なお、本書における両哲人からの引用表記は、これらの日本語版全集の巻と頁としていますが、引用文の漢字表記については部分的に改めさせていただきました。また便宜上、全集内の作品の中には後代や当該学派に属するとされているものも含まれていますが、特に近代以降の個人による著作権概念のない古代著作として、これらの作品を代表する両哲人のものとして扱いました。『全集』の日本語訳における［……］は各々の訳者による挿入です。

第3章は、七月一日から六日までギリシャのアテネとコリント、テサロニケとフィリピを、また七月一七日から二一日までキプロスのパフォスとギリシャのクレタ島のイラクリオンとアギオス・パブロスを訪問した時の部分的記録です。したがって、この章題の「ギリシャ」とは「ギリシャ語圏」を意味します。これらの都市は新約聖書ゆかりの地ですが、特にアリストテレスとプラトンを読んでからのアテネ訪問は格別でした。この章では、『アリストテレス全集』からの引用にはA、『プラトン全集』からの引用にはPという識別記号を付けています。

第4章は、八月八日から八月一二日までトルコのイスタンブルとその近郊、さらにエフェソを訪問した時の部分的記録です。かつてイギリスでの大学院終了後に、具体的な旅行計画を立て始めていたにもかかわらず訪問を断念したイスタンブル（旧コンスタンティノポリス）とイズニック（旧ニカイア）、そしてエフェソには、古代の三位一体論やキリスト論が成立した会議開催場所があり、長らく憧憬の地でした。エフェソは新約聖書にも頻出します。

第5章は、八月一八日から八月二四日までイスラエル内のエルサレムとガリラヤ湖畔、パレスチナのベツレヘムを訪問した時の部分的記録です。したがって、正確には章題は

「イスラエルとパレスチナ」です。この旅も、聖書を歩くとでも表現できるような贅沢な一時でした。

なお、新約聖書からの引用や解説については、拙著「私訳と解説」シリーズ全一二巻に基づき、旧約聖書については『聖書　新共同訳』（日本聖書協会／一九八七年）も参照しました。固有名詞の表記については、オリュンポスやオリュンピアはオリンポスやオリンピアに、コリンソスやコリントスはコリントに、テッサロニキはテサロニケに、ニケーアやニケアはニカイアに、エフェソスやエフェスはエフェソに、ヨッパやヤッフォはヤッファに統一しました。また、概して地名としてはアテナイまたはアテネを、女神名としてはアテナを用いました。全章に渡り、大貫隆・名取四郎・宮本久雄・百瀬文晃編集『岩波　キリスト教辞典』（岩波書店／二〇〇二年）、松原國師『西洋古典学事典』（京都大学学術出版会／二〇一〇年）、ジャン＝クロード・ベルフィオール『ラルース　ギリシア・ローマ神話大事典』（大修館書店／二〇二〇年）等も参考になりました。

「ジャーニー（journey）」は計画的な小旅行を指す「トリップ（trip）」とは異なり、長期の冒険的な旅や人生行路も意味します。私自身、これらの旅行で飛行機とホテルについては出発前に計画し、旅行会社を通して予約しましたが、エルサレムでの約二時間のガイドとエルサレムからベツレヘムへの半日のガイドツアーとを除いて、基本的に現地ガイドなしで心の赴くままに旅してみました。但し、タクシーは随所で使いました。

エルサレムからベツレヘムへのガイドツアーは、慎重な検討の末、「ベツレヘムの羊飼いの野（Bethlehem, Shepherd's Field）」に事務所を構える「グレース・ツアーズ（www.grace-tours.com）」のエリアス・N・ガリーブ氏（Elias N. Ghareeb）に大変お世話になり、このツアーを紹介してくださった聖地研究家であり聖地ガイドでもあるピーター・ウォーカー博士（Dr. Peter Walker）に対しても、ここに深甚の感謝の言葉を記したいと思います。

さらに詳細なジャーニーには、ウォーカー博士の *In the Steps of Jesus An Illustrated Guide to the Places of the Holy Land*（Lion Hudson IP Limited, 2009）や、*In the Steps of Saint Paul*（Auguburg Books, 2019）、『聖地の物語　目で見る聖書の歴史』（いのちのことば社／二〇一五年）をお勧めします。

ゴスペル（良き知らせ）のヘレニズム的背景とその展開のジャーニーを読者の方々が追体験できることを願って、再び本書を世に送ります。

第１章　アリストテレスへの旅

現実と経験

１　アリストテレスの旅路

紀元前六世紀に都市国家アテナイは民主政によって国内を安定させていましたが、対外的には覇権を維持するためにペルシャ戦争（紀元前五〇〇年―紀元前四四九年）で勝利を収め、ペロポネソス戦争（紀元前四三一年―紀元前四〇四年）ではペルシャと結んだスパルタに敗れる等、戦争が続き、紀元前三七一年にスパルタがギリシャの覇権を失うと、アテナイはマケドニアの脅威に晒されます。

「最高の（アリストス）」「目的、完成（テロス）」という意味からなる名前のアリストテレス（紀元前三八四年—紀元前三二二年）は、現在のギリシャの北部、当時のマケドニアのスタゲイラでマケドニア王の侍医の子どもとして生まれ、一七歳の頃にアテナイでプラトンが運営する名門アカデメイアで数学や哲学を中心に学んで頭角を現し、プラトンの死に至るまで二〇年間そこにとどまって教育も担当しました。しかし、アリストテレスはその後、アテナイにおける反マケドニア感情の高揚やプラトンとの学風の相違もあって、現在のトルコの西端、小アジアのアッソスで学友らとアカデメイアの分校を建てて三年ほどとどまり、ペルシャ人の侵入に伴ってレスヴォス島のミティレネに二年間避難しました。

こうして、医者の子として元々生物学に興味を抱いていた彼は、エーゲ海沿岸で動植物研究にも勤しんだ後、マケドニア王フィリポス二世の息子アレクサンドロス（紀元前三五六年—紀元前三二三年）の個人教授に抜擢されて八年間を過ごしましたが、紀元前三三六年にアレクサンドロスが即位してアテナイも支配下に置かれると、翌年にアリストテレスはアテナイに戻ってアポロン・リュケイオス（＝狼神アポロン）の神殿のあった場所であるリュケイオンの中の格闘競技場で学校を開始し、歩廊（＝ペリパトス）を逍遥しつつ講義したことに基づいて逍遥学派（＝ペリパトス学派）と称されて多くの業績を残しました。紀元前三二三年にアレクサンドロス大王が若くして亡くなり、マケドニアへの反感が再燃すると、その翌年にアリストテレスはエヴィア島のカルキダに避難し、その地で息を引き取りました。

2　アリストテレスの世界

アリストテレスは世界を三次元の空間と三区分の時間という視点から考えています。彼によると、線と面と物体は連続的であり、線は点を含み、面は線を含み、物体は面を含むため、相互に接しており、さらには、この同一物体を時間という観点から見ると、「今の時は過去の時と未来の時とに接している」とも言えます（第一巻一七頁。第三巻一八五頁、第一〇巻二二三頁参照）。空間には高さ、幅広さ、奥行きが、時間には現在、過去、未来があるように、空間と時間に通底しているのは、三という要素です。

このように、物体には三方向があり、時間には初めと中間と終わりの三区分があるため、万物は三によって規定されているとしたピタゴラスに倣ってアリストテレスは、「自然からあたかもその法則のように「この三なる数を」受けとって、われわれはそれを、神々を祭るに際し、用いている」と言い、宗教との関連も指摘します（第四巻三頁）。確かに、当時の人々はゼウス、アテナ、アポロンの三神や、エウノミア（＝秩序）、ディケ（＝正義）、エイレネ（＝平和）の三神に呼びかけていました（第四巻一五二頁。ホメロス『イリアス（上）』〔岩波文庫／一九九二年〕六〇、二二七頁、同（下）一一九頁、ホメロス『オデュッセイア（上）』〔岩波文庫／一九九四年〕一〇一、一八五頁、同（下）三二六頁、ヘシオドス『神統記』〔岩波文庫／一九八四年〕一一二頁参照）。

ユダヤ・キリスト教の世界に目を転じてみますと、天を住まいとする父なる神は「いと高き神」と呼ばれ（創世記14章18―22節、ヨブ記22章12節、詩編57編6節）、このいと高き神の御子イエスは（ルカによる福音書1章32節、8章28節）、アリストテレスの時代と同様に一人前の人間と見なされていなかった奴隷、病人、女性、子どもに対しても、またユダヤ人が交際しない異邦人に対しても、さらには一般に敵対者に対してさえ、幅広く救いの手を伸ばしました（マタイによる福音書5章44節、8―9章、19章13―15節、ヨハネによる福音書4章、コリント人への手紙一7章22節、エフェソ人への手紙6章5節）。

聖霊なる神は、神の深みや奥義と呼ばれる所に隠されている神自身の知恵を人々に明示したり、マリアの胎内に奥深く入って子を宿す力があります（マタイによる福音書1章20節、コリント人への手紙一2章7―10節、14章2節、エフェソ人への手紙1章17節）。こうして、人は人を生むというアリストテレスの常識的な原則に半分反して、マリアは神の子を生みました（第三巻四八頁、第八巻二六六、二八六、四三二頁、第一二巻二二五、四〇七頁、第一五巻一七頁）。これは、神の子イエスの誕生よりも一〇〇〇年近く前に建てられたエルサレム神殿内の奥に、神が臨在する至聖所と呼ばれる最も神聖な場所が設けられたことや、さらにそこから幾世紀も前に、モーセに建設が命じられた幕屋内の奥に至聖所が設けられていたことも通底しています（列王上6章16節、出エジプト記26章33節）。したがって、御父、御子、聖霊というキリスト教の三位一体の神は、この世という同じ空間を高さと幅広さと奥行きで代表しているように思えます。

神の御子イエスが活動していた時点という時間の観点から見ると、かつて父なる神が天地万物を創造し、イエスがこの世から姿を消した後には聖霊なる神がイエスの業を継続するという神の約束が与えられているように（創世記1―2章、ヨハネによる福音書14章12節―16章15節）、御父、御子、聖霊は過去と現在と未来に対応していると言えるでしょう。イエスが復活して今も生きていることを考慮すると、イエスの現在性は今も続いており、それだけでなく、天地創造の以前から言葉として存在し、終末に至っては天の神殿からすべてを統治しています（創世記1章1―3節、ヨハネによる福音書1章1―14節、8章58節、11章25節、

17章24節、ヨハネの黙示録21章22節―22章5節)。聖霊なる神も同様にして、すべての時を父なる神や子なる神と共にしています(創世記1章2節、ヨハネの黙示録22章17節)。したがって、永遠から永遠に至るまで存在する御父、御子、聖霊が、各々過去と現在と未来に充当されうるのは神の働きを明示するためです。アリストテレスは過去と現在と未来の密接な連続性を説いているので、三位一体の神の時間的な共在性の主張はアリストテレスの時間の議論とも親和性があります。

神の空間的な性質についても同様のことが言えます。高さは父なる神のみに関する性質ではなく、御子イエスも十字架刑の死の後に高く上げられ、天の父なる神の右に座り(フィリピ人への手紙2章9節、ヘブライ人への手紙1章3節)、聖霊なる神も本来は天を住まいとしています(イザヤ書32章15節、マタイによる福音書3章16節)。時間的に永遠に御父、御子、聖霊が共にいる以上、どこであっても空間的にこの三者は共にいるとも言えます。アリストテレスが空間の三方向の密接な連続性を説いている点も、このような三位一体の神の空間的な共在性の主張と親和性があります。パウロはすべてを統治しているこのような三位一体の神を単数形で「主」と呼んで、「すべてのものは主から出て、主を経て、主に至るからです。主に栄光が永遠にあるように」と賞賛していますが(ローマ人への手紙11章34―

36節)、ここに、御父、御子、聖霊の各々の存在の個別性と一体性が共に表現されています。例えば、ゼウス、アテナ、アポロンや、エウノミア、ディケ、エイレネの三神は、唯一神教であるユダヤ教の背景のない多神教世界の神々として個別性の際立つ神々ですが、キリスト教の三位一体の御父、御子、聖霊は、御父が御子の内にいるだけでなく、御子も御父の内にいてお互いに一つであり、聖霊が御子イエスのもとに下るだけでなく、イエスの内から息吹として発出されるように、三者として一つです(申命記6章4節、マタイによる福音書3章16節、ヨハネによる福音書17章21―22節、20章22節)。

3　アリストテレスと聖書

アリストテレス全集では、海辺に達するまで止まらない豚(第七巻二〇八、四〇四頁、マタイによる福音書8章32節)、群れから迷い出る羊(第八巻五九頁、マタイによる福音書18章12節)、パンを膨らませるパン種(第九巻二一六頁、マタイによる福音書13章33節)、栽培されたオリーブを野生のオリーブに接ぎ木すること(第一〇巻八〇頁、ローマ人への手紙11章24節)、現在のトルコの南部キリキア地方の水の渦が窒息した動物を蘇生させる話や、現在のギリシャの中部テッサリア地方の泉が人畜の傷を即座に癒す話（第一〇巻一一四、一四〇頁、ヨハネによる福音書5章7節）、現在のギリシャの南部エリスにおけるディオニュソス祭で空の青銅水盤三個を密封したにもかかわらず、開ける時にはぶどう酒が満ちている話（第一〇巻一四二―一四三頁、ヨハネによる福音書2章9節）、風の起点の不可解さ（第一一巻三七六頁、ヨハネによる福音書3章8節）、友のために生命さえささげること（第一三巻三一〇頁、ヨハネによる福音書15章13節）、重荷を共に分け持つ友（第一三巻三一四頁、マタイによる福音書11章28―30節）、シチリア島で五〇タラントンを元手にさらに五〇タラントン儲けた人の話（第一五巻三一―三二頁、マタイによる福音書25章20節）、自己愛の前提（第一六巻七三頁、マタイによる福音書22章39節）、開戦前の慎重な検討等（第一六巻一六九頁、ルカによる福音書14章31節）、聖書と通底する興味深い話題が多々登場します。イエスが登場する何世紀も前にアリストテレスが記した内容は、イエスが後に語る内容の現実味を増してくれます。

逆に、アリストテレスとイエスの明確な相違もあります。アリストテレス全集において神は何ものも必要とせず、友をも必要としないとされていますが、聖書では神の子イエスは弟子たちを友とし（第一四巻一五六、三一八頁、ヨハネによる福音書15章15節）、前者において無謀でも臆病でもない勇敢、放埒でも鈍感でもない節制、迎合でも憎悪でもない親愛、傲慢でも卑屈でもない矜持という中庸が人間関係において重視されますが、後者では信仰、希望、愛という神との関係が強調され（第一四巻二一六―二一七頁、コリント人への手紙一13章13節）、前者において罪の原因は偶然、自然本性、無理強い、慣習、算段、憤り、欲望ですが、後者では罪の原因は最初の人アダムの原罪に収斂されます（第一六巻六三頁、創世記3章6節、ローマ人への手紙5章12節）。このように、アリストテレスの思想を背景として聖書を読むと、聖書の特徴も明解になります。

アリストテレスは人間による研究対象を、不動不滅の神、可動不滅の天体、可動可滅の自然という三つに分類します（第三巻七一頁。第三巻三四四、四〇二、四六七頁、第八巻四二六頁参照）。自らは動かないで他を動かす不動の動者である神は、可動不滅の天体を動かし、さらに永遠の神と永遠の天体の下で可動可滅の自然が支配されています（第一二巻四一七、四二〇頁）。

二足歩行の人間はこの自然に属し、感覚や思惟を司る霊魂を持つことを特徴としますが、当時この「霊魂（プシュケー）」という表現は、「生きる（ザオー）」の語源である「沸騰する（ゼオー）」という表現に対して、「息吹をかける（プシュコー）」ことによって「冷めた（プシュクロス）」状態にするという意味に基づくと言う人もいたそうです（第一巻一八五―一八六頁、第六巻六、一五―一六、四五頁。第一四巻一八頁参照)。確かに、冷静にならないと、考えはまとまりません。こうして冷静な霊魂は身体を利用し、技術は道具を利用します(第六巻二三頁)。技術については、「すべての人間は、生まれつき、知ることを欲する」ため(第一二巻三頁。第一四巻一二〇頁参照)、感覚を愛好し、感覚から記憶が生じ、多くの記憶から経験が生じ、経験から知識や技術が生まれるとも説明されています(第一巻七七〇頁)。

不動不滅の神等の研究対象の三分類は、ピタゴラスの強調した三に基づくものであると同時に、王が自分では動かずに側近らを動かし、彼らの下ですべてを支配していた当時の王政を反映したものかもしれません(第五巻二九六頁参照)。但し、一般にアリストテレスの著作ではないと考えられている『宇宙論』において、ペルシャ「大王の優位は、宇宙を掌握する神の優位に比すれば、最も劣悪な動物の優位が大王より不足していると同じ程度に不足していると考えなければならない」と警告されています(第五巻二六六、二九七、三〇七頁)。

自然界の物は、アリストテレスの説明によると、端的な意味においては存在しないものから生じますが、別の見方をすれば、常に存在しているものから生じているため、可能態

（デュナミス）としては存在しても現実態（エネルゲイア）としては存在しないものが物の生成に先立って存在する必要があります（第四巻二五一頁。第四巻四一二頁、第一二巻二八九―二九〇、二九七頁参照）。生じる、成る、つまり生成するとは、具体的に言えば、青銅が銅像になり、種が動植物に成長し、石材からヘルメス像が生じ、木と石から家が造られることであり、ここで各々の前者が可能態であり、後者が現実態です（第三巻三三頁。第三巻三八八頁、第一二巻六四、三〇二頁参照）。これらの現実態という結果は、原材料としての可能態が存在しなければ、生み出されることはないということです。

しかし、聖書では神が天地万物を創造して生じさせています。その際に、混沌とした大地や水が材料として存在していたようにも読めますが、ないものをあるものとして呼び出す神からすべてのものが出て来たのなら（創世記1章2節、ローマ人への手紙4章17節、11章36節、コリント人への手紙一11章12節）、キリスト教が伝統的に無からの創造と呼ぶ教えが導き出されます。無とはアリストテレスの自然観においては空虚な真空に近いものであり、彼が目的のない言わば不自然なものとしてその存在を否定しているように（第三巻一四九―一五九頁。第四巻一八七―一八八頁、第八巻四〇八頁参照）、材料のない無からの創造というユダヤ・キリスト教的自然観は独特です。

アリストテレスによる可能態と現実態の議論は、神の被造物の頂点である人間の創造に関する聖書の記述に対しても興味深い内容です。アリストテレスは石材が彫刻されてヘルメス像になり、種から動植物が生じることに言及していますが、聖書は神が人間を神の形、神の像に造る際に、土の塵から人間を形造って命の息をその鼻から吹き込み、生きる者とし、神の種を宿す人は神の言葉によって新たに生まれた人であると強調しています（創世記2章7節、マルコによる福音書4章14節、ペトロの手紙一1章23節、ヨハネの手紙一3章9節）。

つまり、神の像に造られたはずの人間は、新たに生まれる前に神に反逆して堕落し（創世記3章1―19節）、言わば一度死んでいるのであり、そこから神の言葉によって、また肉をまとった神の言葉であるイエスによって、命を与える聖霊と共に（ヨハネによる福音書1章1―14節、6章63節）、生まれ変わる必要性を聖書は説いています。これは、例えば石材という材料としての「質料（ヒュレー）」が、その石材の本来の姿であるヘルメス像という「形相（エイドス）」を憧れ求めるというギリシャ哲学的展開とは対照的です（第三巻四二頁、第四巻二八二、三四〇頁）。

神が人間を含む天地万物を無から創造したという前提に基づけば、この神の御子であるイエスの行う奇跡もそれほど奇矯なことではありません。アリストテレスは、「欠如と所持とにおいて相互への変化が生じることは不可能である。何故なら所持から欠如への変化は生じるけれど、欠如から所持へのそれは不可能だからである。何故ならひとは盲目になったら、再び目が見えることはないし、また禿頭になったなら、有髪の者にはならないし、また『歯なし』であれば、歯を生やさないからである」という常識的な経験則を述べています（第一巻四八頁。第七巻三四頁）。

これに対してイエスは、目の見えない人々が見えるように癒しを行っただけでなく（マタイによる福音書11章5節、15章31節、21章14節、ヨハネによる福音書9章11節）、目が見えていると思っている人々のためには、目に見えない神がイエス自身を通して明解に見えるようにし（ローマ人への手紙1章20節、コロサイ人への手紙1章15節）、復活によって全身が新たにされることを先に示しました（ルカによる福音書24章39節）。イエスの誕生から復活に至る生涯が特徴的に示したことは、いわゆる科学法則は破壊されても、道徳法則は遵守されるという本来の終末的世界であり、逆にそれ以前のこの世界において科学法則は遵守されても、道徳法則は破壊されるという倒錯した状況です。かつてイエス自身が、小さなからし種ほどの信仰さえあれば、山を動かすこともできるのに、病気でひどく苦しむ子を癒せない弟子たちに対して、「ああ、不信仰で曲がった世代よ」と言って嘆いたとおりです（マタイによる福音書17章17節）。

アリストテレスの議論が聖書の解釈を一層豊かにすると思われる箇所も多々あります。例えば、彼はあるものがあるものの「内に（エン）」あるということの意味を整理しています。指が手の内にあるというように部分が全体の内にあるという意味や、逆に全体が部分の内にあるという場合があります。人間が動物の内にあるというように種が類の内にあるという意味や、逆に類が種の内にあるという場合もあります。また、形相が質料の内にあるという意味や、第一の動者である王の内にギリシャ人の政務があるという意味でも使えます。さらに、善いものの内にという表現や、終わりの内にという抽象的な表現は、ある恩恵にあずかることや、ある目的のために存在することを意味しています。そして、これらすべての意味に通じて最も勝義なのは、容器の内にというように、一般的に場所の内にあるという場合です（第三巻一二八頁）。

ここからイエスと父なる神との関係は、例えばイエス自身が「私は父の内にいる」と言う時（ヨハネによる福音書10章38節、14章10、11、20節、17章21節）、イエスが神の御子として父なる神と一体をなす部分であることや、逆に父なる神の全体性を内包していること、また、イエスの業はこの世の王でもある父なる神に由来することや、父なる神のためになされていること等が読み取れます。これらの聖書箇所にあるように、イエスは逆に「父は私の内にいる」という側面も強調しているので、この相互の内住も示唆するアリストテレスの解説は、キリスト教の御父と御子との同等性の解説のためにも極めて適切です（第二巻二一五頁参照）。

また、アリストテレスは「一つ（ヘン）」であるということについて、その運動が不可分的であるために連続的であること、その内に連続的である原因を持っている全体的なもの、数において個別的なもの、種において知識や認識の内にある普遍的なものという四つの意味を整理しています（第一二巻三二一―三二二頁）。イエスが父なる神との関係を「私と父は一つである」と言う時（ヨハネによる福音書10章30節）、アリストテレスのこれらの意味を活用すると、永遠の存在である父なる神が永遠の神の子イエスを永遠に生み出す運動の連続性において、命を生み出す原因である聖霊を父なる神と神の子イエスが内に宿している全体性において（ヨハネによる福音書6章63節）、唯一神教であるユダヤ教を継承しているキリスト教の神の一という数的個別性において、父なる神と神の子イエスを神という種類によって同じように把握している人々の知識と認識の普遍性において、イエスと父は一つであることが明解になります。

さらに、アリストテレスが「完全な（テレイオン）」という表現について、それ以外にはそれのいかなる部分も見いだされないもの、徳や善という点で他を超えているもの、「終結、目的（テロス）」に達していることという三つの意味を示していますが（第一二巻一七二―一七三頁）、これらも例えばイエスが、「あなたたちの天の父が完全であるように、あなたたちこそ完全でありなさい」と説いたことの意味を深化させてくれます（マタイによる福音書5章48節）。

イエスが父なる神との密接な関係を保ち、そのことを知っていたように、パウロも天の神秘に言及して、「私はキリストの内にいるある人を知っています。十四年前に、第三の天にまで連れ去られたような人をです」と回顧しています（コリント人への手紙二12章2節）。この「ある人」とは、パウロが自分自身を指した謙遜な表現ですが、この手紙がマケドニアで書かれた五〇年代半ばから「十四年前」に、彼は神秘的な「第三の天」を経験しました（コリント人への手紙二8章1節、9章2節）。

この「第三の天」とは、パウロの教育的背景に照らせば、ユダヤ教の階層的天界理解に基づいて最上階にある天を指すとも、「天」や「天の天」のさらに上の天とも言えますが（列王記上8章27節、使徒言行録22章3節、フィリピ人への手紙3章5―6節。「十二族長の遺訓　三男レビ　2―3章」日本聖書学研究所編『聖書外典偽典第五巻　旧約偽典Ⅲ』〔教文館／一九八八年四版〕参照）、アリストテレスも天を三つの意味で説明しています。

それらは第一に、「全宇宙の最外の円周上に存在する自然実体……、すべての神的なもの」、第二に、太陽や月や星等、「全宇宙の最外の円周に直接接続する物体」、第三に、「最外の円周によってかこまれた物体」です（第四巻三七頁。第四巻一九八頁参照）。これらは地上から順に見ると、第一に、全宇宙の最外の円周内にある物体、第二に、この円周に接している物体、第三に、この円周上の神的なものとなり、この第三の天が最高の天としてパウロの「第三の天」という表現と通底していると考えられます。パウロの手紙を含む新約聖書はギリシャ語で著されたので、ギリシャ的世界観の中で生きる人々にもパウロの言及した神秘体験の重要性はある程度、理解されたでしょう。

4　アリストテレスと神学

キリスト教はイエスによって創始され、十二使徒、使徒教父、その後の教父というように、神学的にも発展していきますが、その過程でギリシャ語圏内から西方のラテン語圏の人々にも大きな影響を与えました。その際、キリスト教が父なる神を唯一神とするユダヤ教を母体としつつも決定的な相違を示したのが、神の御子としてのイエスの存在と聖霊なる神を含めた三位一体という神概念です。

アフリカ北端カルタゴ出身の最初のラテン教父テルトゥリアヌスは三世紀初頭に、父なる神と子なる神イエスの間に区別がありつつも一体であることを論証するために、聖書を引証するだけでなく、「父は父であるために子を持つ必要があり、子が子であるために父を持つ必要がある」と説明しました（宮平望『神の和の神学へ向けて　三位一体から三間一和の神論へ』〔新教出版社／二〇一七年再版〕第一章）。「父」と「子」はお互いに相手を必要とする関係概念であるため、父は子を持っていなければ父とは呼ばれず、一般に男性の大人であり、子も同様にして、父を持っていなければ子とは呼ばれず、一般に年少者であるというのです。

アリストテレスが「持つ（エコー）」という言葉の意味をまとめていることも、テルトゥリアヌスの説明を理解する際に役立ちます。アリストテレスによると「持つ」には、知識や徳のように性状や状態を持つ、背の高さのような量を持つ、服のように体にまとう物を持つ、指に指輪をはめるように体の一部分において持つ、手や足等の体の一部分を持つ、枡の中に小麦を持つように容器の内に持つ、家や田畑等の財産を持つ、夫婦がお互いに相手を持つという八つの代表的意味を併記しています（第一巻五六―五七頁。第一二巻一七九―一八〇頁参照）。

アリストテレスは奴隷制を前提とする当時のギリシャ世界で、所有物である「奴隷は主人の奴隷と言われ、また主人は奴隷の主人と言われる」、「主人がないなら、また奴隷もないからである」と述べました（第一巻二四、二七頁。第一三巻二七七―二七八頁、第一四巻三〇六頁、第一五巻一一頁参照）。テルトゥリアヌスはこのような関係概念を応用して、父や子という概念は部分的な所持や財産ではなく、性質や量でもなく、人格的な実体であるので、アリストテレスが最後に示した夫が妻を持つ、妻が夫を持つというような人格的関係であると考えました。また、「内に（エン）」あるというアリストテレスの議論でも示されているように、父は子を自分の内に持ち、子も父を自分の内に持つため、アリストテレスが容器の内に持つという表現で示した場所的概念からテルトゥリアヌスの議論を読み解くこともできるでしょう。ここから、自分の領域にとどまらずに相手の場に入り、持ちつ持たれつの密接で活発な相互関係を維持していることが見えてきます。

また、紀元前八世紀の南ユダ王国の預言者イザヤが、苦難のしもべとしてのイエスを預言したことについて（イザヤ書53章）、この箇所は預言者が御子について御父に語っているとテルトゥリアヌスは説明し、語る者と語られる者と語る相手の三者は同一人物とは見なされえないという規則を導き出しました。預言者を通して語る主体は聖霊であると教会で理解されていたことを考慮すると、この三者は各々聖霊と御子と御父に該当します。こうして、テルトゥリアヌスは預言という一つの出来事において、三位一体の三者の区別を明示しようとしたのです。ここから、古代神学の大成者アウグスティヌスは、五世紀に三位一体を愛する者と愛される者と愛そのものと分析して解説し、二〇世紀の代表的神学者カール・バルトは、啓示する者と啓示される者と啓示という視点から大著を展開しました。

これらの議論の背景の一つに、古代ギリシャの説得の手段としての弁論術があります（第一六巻九頁）。アリストテレスは、「弁論は三つのものから、つまり語り手と語られる対象と語りかけられる相手とから構成されていて、そして弁論の目的はこの最後の者、すなわち私の言う聴き手に向けられているのである」と述べています（第一六巻二〇頁）。当時の語られる対象は、「財源、戦争と平和、さらに国土の防衛、輸入品と輸出品、立法」でした（第一六巻二五頁。第一六巻三五三頁参照）。つまり、弁論という一つの出来事において、語る私は、これらの語られる対象を、聴き手に語っているというのです。テルトゥリアヌスはこのような古代の弁論の構造を応用して、三位一体論の正統性を人々に説得しようとしたのでしょう。弁論の種類には、勧奨と諫言に分けられる忠告的なもの、弁明と告訴に分けられる法廷的なもの、称賛と非難に分けられる演示的なものがありますが（第一六巻二〇頁）、テルトゥリアヌスが三位一体を主題とする時は、その礼拝を勧奨し、その合理性を弁明し、その栄光を称賛したはずです。

中世のキリスト教神学を読み解くためにも、アリストテレスの著作は示唆に富んでいます。例えば、ダンテは一四世紀初頭に三位一体の神の完全性に言及して、「かの崇高な光の深くて明るい本体の奥底に、私は三つの円が現われたように思われたが、その色は三色であり、大きさは同じであった。……第三の物は第一と第二から等しく吐き出される火のようだった」と記しました（ダンテ『神曲』〔筑摩世界文学体系／一九七三年〕三三三頁）。ここで、三つの円が三色であり、同じ大きさであったことは、御父、御子、聖霊なる神が相互に区別されながらも、同等であることを示し、第三の物は第一と第二から等しく吐き出される火のようであったことは、火の聖霊が父なる神と子なる神からも発出するという西方教会の三位一体論理解を示しています（マタイによる福音書3章11節、10章20節、ヨハネによる福音書20章22節）。

アリストテレスにとって円とは、それ自身から他のものへと移動する直線運動とは異なり、それ自身からそれ自身への無限で完全な運動を象徴するものです（第三巻三四三、三五五頁）。例えば、火は上に、土は下に直線的に移動しますが、天は円をなして無限に回転し、球の形をしていると観察されます（第四巻七、一六、五七、六五頁）。そして、この可動不滅の天体を動かしているのが、言わば天体を包んでいる不動不滅の神であり、全宇宙の中心にある不動の地球の上で可動可滅の自然は、太陽の円運動のずれが引き起こす季節によって生成消滅を繰り返します（第三巻三二九、三六六頁、第四巻八五、九七、三三七、三九五頁、第五巻二四七頁）。

このように天の円運動の原因である神は円によって象徴されますが、神の神秘性は円の正方形化という数学的難題の探究に象徴されます。円の正方形化とは、円と同面積の正方形を定規とコンパスによって有限回数で作図することであり、アリストテレスによると当時、「円の正方形化」を「『知識されるもの』と仮定すると、それの知識はいまだ存しない」と言われていました（第一巻二八頁。第一巻六四一頁、第二巻四〇二—四〇三、四八四—四八五頁、第三巻六、三七六頁参照）。これは現在も不可能とされている円積問題と呼ばれるものです。

神と密接な関係にあった円が特異な性質を持っていたように、三という数字も特異な位置を占めていました。アリストテレスの時代の数とは一般に、数えられるものであり（第三巻一七〇―一七一頁）、人は同じ物や同じような物が二個以上あって初めて、二個目が一個目と同じであると認めて数え始めるので、一とは数ではなく最初のもの、原理であると考えられていました（第二巻九二―九三、一一五、二一五―二一六頁、第三巻一一五頁）。そして、ゼロの明解な概念がまだなかったギリシャ数学において（第三巻四二九頁）、最小の数である二から始まる自然数では（第三巻一七四頁、第一二巻五九三頁）、偶数と奇数が交互に現れますが、偶数が半分に割れ切れるのに対して、奇数はそのようには割り切れません。

この割り切れない奇数の最初の数が三であるので（第一巻七五一―七五二頁。第一巻八二七―八二八頁参照）、唯一神教のユダヤ教を継承するキリスト教が三位一体論を確立する三世紀以降、教父たちが御父、御子、聖霊の割り切れない一体性を表す際に三は好都合だったとも考えられます。つまり、キリスト教の神が、仮に御父と御子のみの二位一体であったり、御父と御子と聖霊とさらにもう一者の何者かから構成される四位一体であったとしたら、いずれも二つに割り切れる印象を与えてしまい、一体性や唯一性を強調できなかったでしょう。すでに紀元前四世紀にアリストテレスは、「『偶数』は『半分に分けられる数』である……。『半分に』（ディカ）という言葉は『二』（デュオ）からとられたものであり、『二』は、偶数である」と明示していました（第二巻一七七頁。第一三巻一五六頁参照）。

ダンテが一四世紀に『神曲』を著す前、一三世紀に『神学大全』を著した中世カトリック神学の大成者トマス・アクイナスは、すでにアリストテレス哲学を採用していましたので、ダンテの時代にアリストテレス的な円理解がなされていたことや、古代から教会が継承して来た正統な三位一体論が受容されていたことは自然なことです。それでは、円の性質と三という数の性質とに、何らかの本質的な相互関係を見いだすことはできるのでしょうか。

おそらく、その解の一つは円周率に求めることができると思われます。例えば、すでに旧約聖書で明示されているように、紀元前一〇世紀にイスラエル王国のソロモン王によって建築された神殿内の「海」と呼ばれる青銅製円形の鋳物が、祭司の沐浴のために使用されていたのですが、その直径は「十アンマ」、周囲は「三十アンマ」、高さは「五アンマ」でした（列王記上7章23節、歴代誌下4章2節）。一アンマは約五〇センチメートルで、興味深いのは、これによると聖書において円周率は概数で「三」とされていることです。

5　アリストテレスと現代

円周率は実際には三を超える数であり、割り切れず、循環もしない無理数であり、道具を使って円形を幾何学的に同面積の正方形にすることも無理です。現代でも英語で、「円を正方形にする（square the circle）」という慣用句が残っていて、不可能なことを試みるという意味で使用されています。

アリストテレスの著作の中で、個人的に最も印象深かったのは、人間の「技術は、一方では、自然がなしとげえないところの物事を完成させ、他方では、自然のなすところを模倣する」という一文です（第三巻七五頁。第三巻五一頁、第一五巻三二五頁参照）。これはエコロジーの文脈で読むと、示唆的です。人間は生きていく以上、「遇運（テュケー）」によらない「技術（テクネー）」によって自然から様々な物を搾取せざるをえないのですが（第三巻五九頁参照）、自然を模倣した技術は、循環的な自然の仕組みや自然の力を直接的に利用する必要があるでしょう。この技術社会の現代において、自然そのものに帰ることは不可能ですが、アリストテレスと同様に、「どんな自然物にもきっと何か驚くべきことがある」と信じて（第八巻二八二頁）、自然に歩み寄り近づくことはまだまだ可能だと思えます。

また、アリストテレスが動物を群集性のものと、単独性のものと、両方を兼備したものとに分類し、人は群集性と単独性の両方を兼備した「社会的（ポリティコス）」動物であると定義した有名な言葉も印象的です。この「社会的」という表現は、ギリシャ語ではポリス的、政治的という意味に近く、アリストテレスは、「その全員の仕事がある一つの、そして共通なものになる場合で、群集性のもののすべてがこういうことをするわけではない」と説明し、人を蜂、蟻、鶴等と同類の動物としています（第七巻七、二五五頁。第一四巻三〇八頁、第一五巻七、一〇五頁参照）。三位一体の神は、三者が人間の救いという一つの、共通の目的を持っていることを考慮すると、アリストテレス的な意味で社会的であり、人間も命を共有する自然とも共存するという一つの目的を抱く時、神の形、神の像とは人間の持つ社会性であるとも言えるでしょう。こうして、「上体は宇宙の上部を向いていて」「神的なものに与かっている」人間だけが、「ただ生きるためだけでなくよく生きること」ができるのです（第八巻三一一頁。第一三巻二三頁、第一五巻一一四頁参照）。

さらに、アリストテレスは身体の新陳代謝に言及して、「国家や土地が、風通しが良ければ健康的であるように（海が健康的であるのもこの理由によるのだが）、同様に身体も、風通しの良いものはより健康だからである」と比喩的に言います（第一一巻一〇九、二一九頁）。

風は澱んだ場に新鮮な空気を運び、現実的にも陰湿さや古臭さを一蹴してくれます。特に問題が国家の場合、健全な主張は新しい世代の息吹から出て来るのかもしれませんし、予想外の場に由来するのかもしれません。天地創造の最初に神の霊が水の面を動いていたことは、正にアリストテレスが風通しの良い海の健康な状態を指摘したように、神の開始した世界の新鮮さを想起させてくれます（創世記1章2節）。その時の神の霊である新鮮な息吹は、現代においても神の霊感による聖書の各所から感じ取ることができるような気がします（テモテへの手紙二3章16節、ペトロの手紙二1章21節）。

第2章　プラトンへの旅

理念と対話

1　プラトンの旅路

プラトン（紀元前四二八年―紀元前三四八年）は、ペロポネソス戦争（紀元前四三一年―紀元前四〇四年）が開始された数年後、アテナイの名門貴族の家庭で生まれ、優秀な個人教授を通して数学、文法、音楽、体育等を学び、その学識の「幅広さ（プラトゥス）」から、またレスリングにも秀でていた彼の肩の「幅広さ（プラトゥス）」から、「プラトン」というあだ名が与えられたと言われています。

プラトンの興味が演劇から哲学に移ったのは、紀元前四〇七年頃にアテナイでソクラテス（紀元前四六九年―紀元前三九九年）に出会ってからであり、数年後にペロポネソス戦争でアテナイがスパルタに敗れたことや、国家の危険人物と見なされたソクラテスが死刑を甘受したことは、弟子のプラトンの人生の転機となりました。裁判における『ソクラテスの弁明』は、プラトンの初期対話編の一つです。アテナイで要注意人物となっていた彼は、コリントの友人宅に数年間滞在し、北アフリカを経て南イタリアではピタゴラス教団の人々と交流し、四〇歳頃にシケリア島のシュラクサイで僭主ディオニュシオス一世の義弟ディオンの個人教授となるものの、僭主の不興を買ってアテナイに戻りました。そして、彼は紀元前三八七年頃にアテナイの城壁外にある英雄アカデモスの森であるアカデメイアの中の体育場に学校を設け、女性も含めて議論や対話の場としました。こうした環境下でプラトンは、中期対話編代表作『国家』において理想的な正義や徳を理解している哲人王の統治による理想的な国家を論じました。

ディオニュシオス二世が紀元前三六七年に即位すると、二度プラトンは個人教授として招かれましたが、この王を哲人王にすることは実現せず、晩年はアカデメイアにおいて、具体的な法制定を提案した長編『法律』を含む後期対話編の作成に力を注ぎました。このアカデメイアにおいてアリストテレスは、プラトンの死に至るまで二〇年間とどまって教育も担当していましたので、よく生きるということ、主人と召使との関係概念、全体と部分との相互内在性、過去と現在と未来との連続性、神的な円、中庸に至る考え方、本人の徳に応じて比例的に栄誉を与えるという正義、自然が仕上げた仕事を受け取って整える人間の技術等、アリストテレスにはプラトンに由来すると思われる内容も見られます（第一巻一三三頁、第四巻二五、九三、九七、一九三、三三一頁、第一一巻二四〇頁、第一三巻三四五、四〇三、五九三頁）。

2　プラトンの世界

医者の子であったアリストテレスが、生物学や現実世界に興味を抱くようになったのに対して、彼の先生であるプラトンは、ピタゴラス教団と交流する等、数学に深い関心を寄せていたことや、プラトンの方が自分の先生であるソクラテスの死に至る過程や当時の戦乱といったものに対する反感が強かったことが、時空を超えた永遠の非物体的なイデアという概念形成にプラトンを導いたのでしょう。

「イデア」という表現は、「見ること（イデイン）」というギリシャ語に由来し、確かに

「このイデアという言葉を、ピタゴラス学派では幾何学者の取り扱う図形の意味に用い、ここからたとえば感性的な三角形がその模像であるような本来的な三角形自体としての図形を意味することになった」ように（下中邦彦編『哲学事典』［平凡社／一九七一年］八五頁）、幾何学の図形は、この世の物の形を単純化して「見ること」を通して描かれ、プラトンにとっては、あの世にイデアの原形があるからこそ、その原形に倣った種々の形がこの世に現れているのです。

「体（ソーマ）は魂の墓（セーマ）なのだ」という警句にもあるように（第二巻五六頁。第五巻一九〇頁、第九巻一四〇頁参照）、人間の魂はこの世で肉体に閉じ込められていますが（第一巻二四二頁）、そこから様々な問題が生まれます。「戦争にしても内乱にしてもいろいろの争闘にしても、それらは、ほかならぬ肉体と、それのもつ欲望が生じせしめているのだからねえ！　なぜなら、戦争はすべて財貨の獲得のためにおこるのだが、その財貨を手に入れよ、と強いるのは肉体であり、われわれはその肉体の気づかいにまったく奴隷のように終始している……。〈知を求めること（フィロソフィア）〉へと自分を向ける暇をわれわれはほとんどなくしてしまうわけなのだ」とソクラテスは嘆いています（第一巻一八五頁。第一一巻一四四頁参照）。当時のギリシャ都市国家の中で、市民は奴隷を利用していましたが、その市民は自らの肉体の奴隷になっているという痛烈な皮肉を彼は暴露しているのです。「知を愛する者（フィロソフォス）」となるべき人間が、「肉体を愛する者（フィロソーマトス）」、「金銭を愛する者（フィロクレーマトス）」、「名誉を愛する者（フィロティモス）」となってしまっているのです（第一巻一九〇頁）。

したがって、ソクラテスによると、人は死後にあの世で肉体から離れた魂によって、純粋な「真実（ト・アレーセス）」に関する知識を再び獲得できますが、それまでは知を求める生き方を志す人は、イデア界に自分の魂のみがあった頃の記憶を「想起（アナムネーシス）」して「学び（マセーシス）」知ることによって、この世で自らを「浄化する（カサレウオー）」道を歩むほかないのです（第一巻一八六頁。第九巻二七八頁）。

具体的に「イデア」界の真実とは、「正しさ（ディカイオン）」、「美しさ（カロン）」、「善さ（アガソン）」が、「それそのもの（アウト）」である「形相（エイドス）」として純粋に「存在（ウーシア）」することであり、この世においてそれに応じて「よく（ユー）生きる」こと、つまり「美しく」、「正しく」生きることが求められます（第一巻一九、一三三、一八二、二〇六、二二〇、二九六－二九七頁。第三巻三七四頁、第四巻一三、二六－二七、三一頁、第五巻二六三頁、第九巻四二頁、第一一巻四〇一頁、第一二巻八三頁、第一三巻二五〇、四六七頁参照）。これは、人が死んで魂のみになった時の真の生き方の前段階として、「死の練習（メレテー・サナトゥー）」とも言われています（第一巻一八八、二三五頁）。例えば、仕返しに不正をしないということも、この死の練習の一つです（第一巻一三七頁）。ソクラテスは、二者択一を迫られるなら、「不正を行うよりも、むしろ不正を受けるほうを選びたい」と考えていました（第九巻七〇頁。第九巻八一、一〇二、一九二、二四一頁、第一一巻三六、四七、一九三頁参照）。「不正（アディキア）」とは、「死に至る（サナシモス・ノソス）」病です（第一一巻七三一頁）。

この練習で大きな役割を果たすのが、物事を様々な流動や生成の中のみで見てしまう人間の「憶断（ドクサ）」を修正する数々の「徳（アレテー）」です（第二巻八八―九二頁。第二巻一一三頁参照）。「思慮（フロネーシス）」は「運動と流動の覚知（フォラース・カイ・ルー・ノエーシス）」に、「認識（グノーメー）」は「生成（ゴネー）」を「思い巡らすこと（ノーメーシス）」に、「覚知（ノエーシス）」は生成する「新しいもの（ネオス）」の「希求（ヘシス）」に、「節度（ソーフロスネー）」は「保存（ソーテーリア）」された「思慮（フロネーシス）」に、「知識（エピステーメー）」は物事に「付いて行くこと（ヘポメネー）」に、「理解（スネシス）」は魂が物事と「共に行く（スニエーミ）」に、「知恵（ソフィア）」は「素早い運動（スース）」

との「接触（エパフェー）」に、「善い（アガソス）」は「嘆賞に値する（アガストン）」「速さ（ソオス）」に、「正義（ディカイオスネー）」は物事を「貫通して（ディアイオン）」養育する「正しいもの（ディカイオス）」の「理解（スネシス）」に、「勇気（アンドレイア）」は不正な「流れ（ロエー）」とは「反対に（アナ）」進むことに由来するように（第二巻九〇―九五頁。第二巻一一六、一三〇、一六〇頁、第一一巻二八一頁、第一三巻六八、七七〇頁参照）、これらの徳は流動や生成をしている物事に対する何らかの対処方法を提案しており、この世の不正な流れを警戒しながら、正しい道を歩むことを指し示しています。「徳（アレテー）」という表現自体も、こうした議論の流れの中で、束縛なく自由に「常に（アエイ）」「流動しつつある（レオン）」ものとして「選択されるべき（ハイレテー）」であると定義されています（第二巻一〇〇頁）。

このようにソクラテスは、徳に基づいて正と美と善を尊重して生きることを勧め、「美（カロン）」の語源にも言及して、「理性（ディアノイア）」が「名づけているもの（カルーン）」であるとし（第二巻一〇二頁）、この世の中にあっても、肉体の中にあっても、「配慮すること（エピメレオマイ）」、「支配すること（アルコー）」、「思案すること（ブーレウオー）」といった魂の理性的な働きを重視しています（第一一巻九八頁）。但し、正であれ美であれ善であれ、名づけられた名前と本体との間に差異が生まれる可能性に警告が発せられています。彼によると、「名前（オノマ）とは、模倣される対象の音声による模造品（ミメーマ）」であり、それは現物が「模写物（エイコーン）」とは異なるのと同様であり、「名前が［事物に］ふさわしくない文字をも［事物に］あてがうこと」があるのです（第二巻一一二一、一四六一一四八頁。第二巻一四一、一六七頁参照）。

ところが、聖書において神は、自分自身を「わたしはある」、「アブラハムの神、イサクの神、ヤコブの神」、「主」という名と同定しており（出エジプト記3章14―15節、6章2節）、それゆえに、主の名をみだりに唱えることや、それを用いて偽りの誓いを立てることが禁じられています（出エジプト記20章7節、レビ記19章12節）。

逆に、このような神自身とその幾つかの名前の同定は、それらを聖書の文脈において解きほぐすことを通して、神自身の性質の明確化につながります。紀元前一三世紀頃に、イスラエルの民をファラオの支配するエジプトから導き出すようにと神から命じられたモーセが、一体「私は何者でしょう」と神に問うと、神は「私は必ずあなたと共にいる」と答えて、モーセの正体を神との関係においてのみ開示し、モーセは神が共にいる人物であるということを約束しています（出エジプト記3章11―12節）。このことに呼応するように、神は自らの名を「私はある。私はあるという者」であると紹介し、神は自分自身の存在や行為との関係のみにおいて自己規定し、出エジプトという出来事においてモーセと共に「私はある」ことを再確認しています（出エジプト記3章13—15節）。

アブラハムがその子イサクを山上でささげようとしたことは、父なる神が神の子イエスを十字架上でささげたことの予兆であり、アブラハムの子イサクを通してもうけられたヤコブの神は、聖霊が「助け主」であるのと同様に「助け」手とされていることを考慮すると（創世記22章1—18節、詩編146編5節、マタイによる福音書26章39節、27章50—54節、ヨハネによる福音書14章16節）、「アブラハムの神、イサクの神、ヤコブの神」は御父、御子、聖霊の三位一体を示唆していると思われます。

また、「主（ヤハウェ）」という名が、ヘブライ語では一点からなる文字と一画からなる文字と二つの喉音文字から構成され、イエスが「天と地が消え去るまで、律法から一点一画も決して消え去ることがなく、すべてのことが起こる」と預言したように、律法の中の究極的存在であるとすると、天と地は主によって新たにされるので、一点一画を代表する「主」が永遠であると分かります（マタイによる福音書5章18節、ヨハネの黙示録21章1節）。

したがって、これらの神の名は、人々と永遠に共にいる三位一体の神を指し示しているようです。父なる神によってこの世に送られた御子イエスは、「神の栄光の輝きであり、神の本質の刻印」として、父なる神と同一の様相と本質であることが、父なる神によって保証されており、「私たちと共に神はいる（インマヌエル）」という名で呼ばれることも、さらに、聖霊が父なる神と子なる神から発出することも（マタイによる福音書1章23節、3章16節、ヨハネによる福音書20章22節、コロサイ人への手紙1章15節、ヘブライ人への手紙1章3節）、神の性質を表しています。これに対して、人間は神の本質から質的に程遠く、この世における神の「像、模写物（エイコーン）」として、神の真の像であるイエスに倣うことを通して、神が最初に意図した姿に変えられていきます（創世記1章26節、ローマ人への手紙8章29節、コリント人への手紙一15章49節、コリント人への手紙二3章18節、コロサイ人への手紙3章10節。第二巻一四七頁参照）。

3　プラトンと聖書

正しい人は神々に愛されるが、不正な人は神々に愛されないとするソクラテスと、正しい人にも正しくない人にも神は恵みを与えると言うイエスとの相違や（第四巻二五四頁、第一一巻七三八頁、マタイによる福音書5章45節）、神々の変身さえ否定するソクラテスと、神の御子として受肉したイエスとの相違は、歴然としています（第一一巻一七二頁、ヨハネによる福音書1章14節）。しかし、プラトン全集にも、医学教則を無視して患者を癒したり、航海規則を無視して同乗者の命を守る話（第三巻三二四、三二六頁、第六巻一九八頁、ヨハネによる福音書5章1―18節、9章1―41節、使徒言行録27章9―22節）、自分の生命と引き換えに全世界を手に入れることの無意味さ（第六巻一二一頁、マタイによる福音書16章26節）、神はささげ物よりも心からの祈願を欲すること（第六巻一四四頁、マルコによる福音書12章33節）、知恵ある言葉の飢饉（第九巻二四八頁、アモス書8章11節）、羊の最善を図る羊飼い（第一一巻七三頁、ヨハネによる福音書10章1―18節）、共同体の中の一人と身体の一部との類比関係（第一一巻三六六頁、コリント人への手紙一12章12―31節、エフェソ人への手紙4章16、25節）、最終的に神が善をもたらすこと（第一一巻七三八頁、ローマ人への手紙8章28節）、神は万物の初め、中間、終わりであること（第一三巻二七三頁、ローマ人への手紙11章36節）、仕えられることよりも仕えることの重要性等（第一三巻三五三頁、マタイによる福音書20章28節）、聖書と通底する興味深い話題が多々登場します。

特に、弟子のプラトンの描写するソクラテスが、都市国家アテナイの危険人物と見なされて死刑を甘受したように、後に弟子たちの記録するイエスも、ローマ帝国の危険人物と見なされて十字架刑を甘受したことは（マタイによる福音書26章39、53節、27章11—14節）、両者の生き方や考え方の通有性にも興味が引かれます。

ソクラテスは、「われわれの所有する善いもので、神々が与えるのでないようなものは何ひとつとしてない」と言いますが（第一巻四二頁）、イエスの先駆者である洗礼者ヨハネは、イエスが授けている洗礼が天の父なる神から与えられた働きであることを、「もし、天からその人に与えられなければ、人は何一つ受けることができない」と自分の弟子たちに説明し、イエス自身も人々に、「もし、あなたたちは悪人であっても、自分たちの子どもたちには良い贈り物を与えることを知っているのなら、あなたたちの天の父は、自分に求める人々に良い物を一層多く与えるだろう」と約束し（マタイによる福音書7章11節）、イエスの言わば後継者であるパウロも、コリント人に対して、「あなたがもらったのではないものを、あなたは何か持っていますか。そしてまた、もし、あなたがもらったのなら、なぜ、あなたはもらっていないかのように誇るのですか」と諫めました（コリント人への手紙一4章7節）。これらの言葉は、何であれ持っているものを誇る人々の高慢な思いを打ち砕きます。

特に、知を愛するがゆえに自らの無知を深く知っているソクラテスは、例えば善や美について確かな知識を持っていない人の知ったか振りを暴露していましたが（第一巻六二、六六、八二頁。第三巻四二頁、第六巻四九頁参照）、イエスも安息日に目の見えない人の目が見えるようにした後に、律法に関する知識に基づいてイエスを安息日規定違反の罪人であるとするユダヤ人たちに対して、「『私たちは見えている』とあなたたちは言っている。あなたたちの罪は残る」と説いて、イエスが神の子であることを知らず、イエスのそのような姿が見えていないユダヤ人たちの無知を暴露しました（ヨハネによる福音書9章24、29、33、41節）。ソクラテスもイエスも、人々から憎まれるのは当然です（第一巻六二頁、ヨハネによる福音書7章7節、15章18節）。

また、ソクラテスが、「魂ができるだけ優れたよいものになるよう、ずいぶん気を使わなければならないのであって、それよりも先に、もしくは同程度にでも、身体や金銭のことを気にしてはならない」と説いていたことは（第一巻八四―八五頁）、イエスが同様にして、「私はあなたたちに、『自分たちの魂のために何を食べようか、何を飲もうか、また、自分たちの体のために何を着ようかとあなたたちは心配してはならない』と言う。魂は食べ物以上のものであり、体は着る物以上のものではないか」と説いたことを想起させます（マタイによる福音書6章25節）。

ユダヤ教の流れを汲むイエスは、主である神を誇ること、神と隣人と敵さえも愛すること、人の魂までも支配している神を恐れることの重要性を知っていましたので（エレミヤ書9章22―23節、コリント人への手紙一1章31節、マタイによる福音書5章44節、10章28節、22章37―40節）、ソクラテスとの相違は深遠です。しかし、ソクラテスが「神によってこのポリスに、付着させられている……」、「私には、何か神からの知らせとか、鬼神（ダイモニオン）からの合図とかいったようなものが、よく起こるのです。……これは私には、子どもの時から始まったもので、一種の声となって現れるのです……」と告白し、「夢」の「知らせ」に言及したことは（第一巻八六、八八、九三頁。第一巻一〇九、一一三、一二〇、一六六頁、第五巻一七四、一八八、二二五頁、第七巻二六頁参照）、かつて父なる神からこの世に遣わされていることを自覚していたイエスも、群衆から「あなたは悪霊（ダイモニオン）を宿している」と思われていたことや、イエスの父ヨセフに夢で神からのお告げが与えられていたことを記す聖書の世界と近似しています（ヨハネによる福音書8章42節、7章20節、マタイによる福音書1章20節、2章13節）。

この聖書の世界の全体像を最もよく現している箇所の一つは、ヨハネによる福音書冒頭の世界観です。そこでは、最初に神と共に神の「言葉（ロゴス）」があって、この言葉が「真の光」として「この世に来て一人ひとり（パス）を照らす」と記されています（ヨハネによる福音書1章1、9節）。ソクラテスはこれより何世紀も前に、「言葉（ロゴス）というものは、すべて（パン）［の事柄］を表現する。そしていつもコロコロ転がり、動き回る。そして真偽の二面性を持っている」と述べ、言葉のうちで真なるものは神的で上方の神々の側に住み、偽なるものは下方の人間の大多数の間に住んでいるとしています（第二巻八〇頁）。

ソクラテスが言うように、確かに言葉は「一つひとつの物事（パン）」を表現し、各地に伝わって行き、真理を伝えることもあれば、虚偽を伝えることもあります。しかし、聖書では、神の言葉は偽ではない真の言葉であり、「一つひとつの物事（パン）」の中から、「一人ひとり（パス）」の人間をまずは選んで、その人々に「光」を当て、むしろこの光を当てられた人々の真偽を表すと説かれています。つまり、この光は人々と大地を温めて育み、導く太陽のような役割や、すべてのものを清める火の役割も果たします（ヨハネによる福音書1章5節、11章9節、12章35節、15章6節、18章18節）。そして、聖書に特徴的な教えは、この真の言葉が言わば天上界から地上界に下り、肉体をまとってイエスとなり、各地に神の真の恵みを伝えて実現したという点にあります（ヨハネによる福音書1章14―18節）。

この伝道において、大きな役割を果たしているのが弟子たちですが、イエスがガリラヤ湖のほとりで、ペトロとその兄弟アンデレという二人の漁師を見つけた時、「あなたたちは、私の後に付いて来なさい。そうすれば、私はあなたたちを人間を捕る漁師にしよう」と命じたことは（マタイによる福音書4章19節）、現在のイタリア共和国南部に位置する古代ギリシャの植民市エレア出身の哲学者の話としてプラトンが取り上げる魚釣師の例が、良い背景をなしています。

その哲学者によりますと、謝礼金目当てに弁論術等の諸学芸を教授することを職業とするソフィストたちを定義することは困難なので（第一五巻二七頁参照）、まずは卑近な例として「魚釣師（アスパリエウテース）」が話題に上げられます（第三巻一〇頁。第五巻二四三頁、第八巻一一九、二〇〇頁、第九巻三〇八頁、第一〇巻六―九頁参照）。魚釣師の持つ技術は、作成ではなく獲得による技術であり、交換ではなく強奪による獲得技術であり、相手にとって公然ではなく秘密の強奪技術であり、陸上ではなく水棲の生物獲得技術であり、この技術にはさらに囲い込む漁と打って傷つける漁があります（第三巻一一―一五頁）。

こうして本題に入ります。ソフィストという論争家は、陸上の「狩猟家（セーレウテース）」であり、野生動物ではなく飼育動物である人間を相手とし、暴力ではなく説得の技術を使い、公衆ではなく個人を相手とし、恋愛という贈り物を与えるのではなく、裕福な名家の青年に徳を授ける代わりに金銭という報酬を受け取ります（第三巻一九―二八、四八、五二頁）。また、ソフィストは、「真理（アレーセイア）」ではなく「見せかけの知識（ドクサ）」を持ち、「似像（エイコーン）」ではなく「見かけだけの像（ファンタスマ）」を造る「物真似師（ミメーテース）」であるとされています（第三巻五四―六三、一四四頁。第三巻一七二―一七六頁、第五巻二〇六頁参照）。

こうした背景に基づきますと、イエスの性格も明確になります。まず、イエス自身が言わば漁師として二人の漁師を、人間を捕る漁師にしています。その方法は、陸上の公然の場における説得による獲得です。しかし、このようにして漁師になった弟子たちも、イエスと同様に、金銭という報酬を受け取らずに、一人ひとりを獲得しようとします。イエスが弟子たちに、「自分たちの帯の中に金貨も銀貨も銅貨も受け取ってはならない」と命じたとおりです（マタイによる福音書10章9節）。また、イエスの意図した「人間の漁師（ハリエウス）」、つまり、「人間を捕る漁師」は、実際の漁師とは根本的な差異があります。実際の漁師は、捕った魚を殺して食べたり、捕った魚を人々に売り渡しますが、人間を捕る漁師は、人間を殺して食べるためにではなく、人間に永遠の命に至る食べ物であるイエス自身を与えて、人間を生かすために捕るのであり、捕った人間を誰かに売り渡すためにではなく、死に至る罪から買い戻すために捕るのです（ヨハネによる福音書6章27節、エフェソ人への手紙1章7節）。

エレア出身の哲学者はさらに、作成の技術には「神的なもの（ト・セイオン）」と「人間的なもの（ト・アンスローピノン）」があり、動植物を含むすべての自然物において、「それまで存在しなかったのに後で生じてくるのは、まさにほかならぬ神の製作活動による」のであり、実物を創造する「神の技術」に対して、似像を創造する「人間の技術」が加えられると達観します（第三巻一五八―一六〇、一六三頁）。これは極めてキリスト教的な考え方です。確かに、神は無から創造し、人はこの神の創造を模倣してこそ、この世でも創造的な活動が行えます。神の子イエスが真理を説いたように、人は真理に言及し、神が人を神の像に造ったように、この世において人は様々な似像を造り出すことができます。

4　プラトンと神学

キリスト教の神学は、その初期段階の構築において古代ギリシャ哲学の多大な恩恵を被っています。「神学（セオロギア）」とは、「神（セオス）」の「言葉（ロゴス）」であり、「神（セオス）」に関する「言葉、物語（ロゴス）」でもありますが（第一巻一六〇頁参照）、ソクラテスによると、ギリシャでは太陽、月、地、星々、天という天体が神々と信じられ、それらがいつも駆け足で行く、つまり「走る（セイン）」ことから「神（セオス）」と命名されているので、元々神学とは、そのような天体を魂で「思惟する（ロギゾマイ）」ことによって「言葉（ロゴス）」にするという意味になります（第二巻四七頁、第一巻一八一頁）。訳者の解説によりますと、当時の「熱狂的神学者」は、「神名の語義、語源の研究にも従事した」そうです（第二巻四五頁）。神学者のような極端な現象を含む「人間（アンスローポス）」を、ソクラテスは、「見たものを観察するもの（アナスローン・ハ・オポーペ）」という意味であるとしています（第二巻五四頁）。

神々のいる「天（ウーラノス）」という表現は、「上方を見る（ホローサ・タ・アノー）」ことに由来し（第二巻四三頁）、日本語でも語源的に「青（あお）」い空は、「仰（あお）」ぐに由来する可能性があるように、古代に通底する思惟方法であり、その点では多々議論がありますが、天の上方にいる「神（かみ）」も体の上方にある「髪（かみ）」も「上（かみ）」であることと共に興味深い思惟方法です（前田富祺監修『日本語源辞典』［小学館／二〇〇五年］二二、三五一―三五三頁）。

プラトン的哲学がキリスト教神学の中で極めて明解な形で採用されたのは、アウグスティヌスの神学においてです。例えば、アウグスティヌスは五世紀初頭の『三位一体論』において、御父、御子、聖霊が一つであることを説明する方法の一つとして、「想起（レコルダチオ）」の概念を利用します（宮平望『神の和の神学へ向けて　三位一体から三間一和の神論へ』［新教出版社／二〇一七年再版］第二章）。彼によると、人は記憶したものを想起する時、人の意志が記憶したものと想起するものとを結び付けようとします。ここで、記憶と想起と意志とは、どの要素も必要とされる全体として一つの出来事であり、愛の聖霊が愛する御父と愛される御子とを結び付ける役割を果たしているように（マタイによる福音書３章16―17節）、意志が記憶と想起とを結び付けるというのです。また、アウグスティヌスは、三位一体の神そのものを理解するためには、人の心、魂、知性が信仰によって浄化される必要があると力説します。

こうした議論は、プラトンの対話編におけるソクラテスの幾つかの言葉を想起させます。それによると、例えばこの世の美は、イデア界の美そのものを「分有している（メテコー）」のであり、美自体の「現在（パルーシア）」、「共有（コイノーニア）」によるものですが、それが美であると理解できるのは、人間の魂が誕生前にイデア界で記憶していた美そのものの「原形（エイドス）」をこの世で「想起」するためです（第一巻二〇六―二一七、二九三―二九四、二九九頁。第二巻二四五、三三七―三四〇頁参照）。また、こうした想起の営為は、人間の浄化の過程でもあります（第一巻一八六頁）。

しかし、聖書には永遠に存在する御子イエスを除いては、生前における人間の魂の存在のようなことは記されていませんし、浄化は神に対する信仰や、自分の罪からの回心と堅く結び付いています（ヨハネによる福音書1章1―14節、17章24節、使徒言行録10章15節、15章9節、ヘブライ人への手紙9章14節、ヨハネの手紙一1章7節）。また、聖書では、この世においてユダヤ人たちがモーセの律法を思い起こし、弟子たちがイエスの言葉を思い出すことの必要性が説かれています（ヨシュア記1章13節、マラキ書3章22節、ヨハネによる福音書2章22節、14章26節）。

さらに決定的な相違は、聖書ではこのように「想起」するだけでなく、「忘却（レーセー)」することの重要性を強調している点にあります(第一巻二一六頁参照)。例えば、神は「人々の不正を哀れみ、その人々の罪をもう思い出さないだろう」と預言されていましたが(ヘブライ人への手紙8章12節、エレミヤ書31章34節)、この「哀れむ(ヒレオース)」という表現は「許す」とも訳せるので、今や大祭司イエスが現れた以上、神がイエスを通して人々の不正や罪を思い起こして裁くようなことはなく、哀れんで許す準備ができているというのです。

通常、人は幾つかの物事をすぐに記憶することができるのに対して、一旦記憶した事柄をすぐ直後に忘却することは困難です。しかし、神は想起しないことによって、言わば意図的に忘却することもできるのです。人間に備わっていないこのような能力は、正に神的なものです。プラトンがソクラテスの口を通して勧めているように、古来、人間は主として学校において、「学び(マンサノー)」続けることを求められてきましたが(第一巻二〇六頁)、「忘れる(ランサノー)」ことは教えられなかったはずです。しかし、教会は言わば思い出さないことによって許し、忘れることも二千年間、教え続けてきたのです(宮平望『責任を取り、意味を与える神　21世紀日本のキリスト教1』〔一麦出版社/二〇〇〇年〕一九頁)。

ソクラテスやプラトンにとって、この世の学びや想起は、人が死んで魂だけになった時の真の生き方の前段階としての「死の練習（メレテー・サナトゥー）」ですが（第一巻一八八、二三五頁）、キリスト教の勧める許しや忘却は、人が死んで新しい肉体を伴う復活をした時の真の生き方の前段階としての「復活の練習（メレテー・アナスタセオース）」と言えるでしょう。確かに、天における人々の集まりは、神によって許し、許された人々の集まりです（エフェソ人への手紙4章32節）。

このように、アウグスティヌスがやや思弁的に三位一体論を弁証する前に、三位一体論は正統的な教会で確立していました。キリスト教界は、現在のトルコの西部で開催された三二五年のニカイア公会議や三八一年のコンスタンティノポリス公会議において三位一体論を確立し、四三一年のエフェソ公会議や四五一年のカルケドン公会議において正統的なキリスト論を確定しました。このカルケドン公会議では、イエスが「真に神（セオス・アレーソース）」、「真に人（アンスローポス・アレーソース）」であるという内容が信条に書き込まれ（『信条集　前後篇』［新教セミナーブック／一九九四年復刊］前篇五―七頁）、イエスが百パーセント神であると同時に、罪はないものの百パーセント人間であるとしました（コリント人への手紙二5章21節、ヘブライ人への手紙4章15節、ペトロの手紙一2章22節）。これは、イエスが神として救いの力を十分に持ち、人としてすべての人に届くことができるため、罪のない神と罪のある人との間の和解を実現できるという宣言です。

このようなイエスの姿は、古代ギリシャの英雄とは大いに異なります。ソクラテスは、「英雄（ヘーロース）」が「恋（エロース）」という表現に由来することをこう説明していま す。「半神」である「英雄というものはすべて、男神が死すべき女性を、あるいは死すべき男性が女神を、恋した結果生まれたもの」であり、「恋から英雄たちが生まれたのだから、英雄（ヘーロース）という名前は、恋（エロース）という名前から派生し、ほんの少しばかり——別の名前になるために——変形させられている」というのです（第二巻五〇一五一頁。第二巻一一二頁、第五巻五三、一五九頁参照）。このギリシャ神話の多くの英雄は半神半人の地位にあり、その中途半端な性質のゆえに神々と人々の間の執り成しを大抵の場合は悲劇に導いてしまいますが、イエスは父なる神からの「愛（アガペー）」に基づいて（ローマ人への手紙5章5節、8章39節）、全き神、全き人として神の救いを罪人に実現することができるのです（ドナルド・ブローシュ『キリスト教信仰　真の信仰をめざして』［一麦出版社／一九九八年、原書一九八一年］第7章）。

5　プラトンと現代

プラトンの紹介するソクラテスの母は産婆（マイア）であり、投薬や唱えごとによって妊婦の「陣痛（オーディス）」を起こしたり、それを緩和したりして、出産を手伝っていたようですが、ソクラテス自身も対話相手との問答を通して、相手から正しい真の知恵が出て来ることを援助する「産婆取り上げ（マイエウシス）」の「術（テクネー）」、つまり「産婆術（マイエウティケー）」の名人でした（第二巻一九八―二〇三、三一〇、四〇三頁）。こうして取り出された赤ん坊や知恵は、喜びであり驚嘆の的であったでしょう。ソクラテスは実に、「驚く（サウマゾー）」ことこそ、「知を愛すること、哲学（フィロソフィア）」の初めであると説いています（第二巻二二〇頁）。

プラトンの時代も現代も、人間は常に戦争の危険性の中で生きています。例えば、『法律』において、人々の「自然本来の姿」は「万人が万人に対して敵」であると表現されています（第一三巻五七、五九頁）。そのような中で、ソクラテスが対話を重視したことの意義は絶大です。個々人の間の対話は、言葉さえ通じれば、比較的容易であっても、大きな組織や国家同士の対話には時間と労苦を必要とし、場合によっては歴史観や賠償金の話も飛び交い、最悪の状態を招くこともあるでしょう。実際の戦争より、まだ言葉の争いの方がましです。お互いから何かを学べるかもしれません（第一三巻七〇六頁）。

イエスが、「女が出産をする時、不安を抱く。なぜなら、自分の時が来たからである。しかし、彼女は子どもを産むと、一人の人がこの世に生まれた喜びのゆえにもはやその苦痛を思い出さない」と説いたように（ヨハネによる福音書16章21節。第一三巻一四二頁参照）、新しく喜ばしいものが生み出される前に、「不安」や「苦痛」を伴うことがあります。これらを克服するためには、新たな考え方、新たな生き方が必要であり、産み出す方にも、この世での「復活術」のようなものが必要なのかもしれません。イエスが、「誰でも新たに生まれなければ、神の王国を見ることはできない」と言い切ったとおりです（ヨハネによる福音書3章3節）。この「新たに（アノーセン）」とは「上から」とも訳せる表現であり、天上の「神から」という意味なので、人は親族や両親の思いではなく、専ら神の思いに基づいてこの世で新たに生まれ変わらなければ、神が王として支配する世界での生き方や考え方ができないようです。この点で、父なる神の思いに基づいてこの世に送られたイエスの生き方は、人々が倣うべき具体像を示しています。

第3章　ギリシャへの旅

ギリシャ神話とキリスト教会

1　アテネとコリント

二〇一九年七月上旬、イギリスのロンドン・ヒースロー空港から四時間程でギリシャのアテネ国際空港に到着すると時計の針を二時間進め、地下鉄でシンタグマ駅に向かってアテネの中心街に投宿しました。朝にケンブリッジを出たのですが、これだけで一日の出来事です。

翌朝、まずは近くの地下鉄のモナスティラキ駅前から、二世紀のローマ五賢帝三代目ハドリアヌス帝（在位一一七年―一三八年）が一三四年に完成させた図書館（Hadrian's Library）

の外壁跡を訪れました。案内板によりますと、東西一二二メートルと南北八二メートルの回廊に囲まれた図書館の東側にパピルスの巻物を所蔵する書庫があり、読書室と講義室はこの書庫を挟んで南北に二室ずつ備えられ、敷地の大部分は回廊で囲まれた長方形の庭です。書物や人との出会いや対話を重んじていることが明白な構造です。ゲルマン民族の一派であるヘルール族によって二六七年に建物は破壊された後、修復や教会建設も経ました。ハドリアヌス帝は、ローマ帝国最大版図を誇った先帝トラヤヌス帝（在位九八年―一一七年）の領土拡大政策を防衛強化や文芸奨励の政策に変更し、在位中の大半は帝国領土内の巡検に費やしたため、ハドリアヌスの図書館からギリシャを巡検することは、真に適切な開始です。現地の案内板やその他の資料を頼りに古代世界を覗いてみましょう。

この図書館から少し西に進むと、古代アゴラが現れます。「アゴラ（agora）」とは、人々が政治的、宗教的、文化的目的で「集まる（アゲイロー）」集会場のことであり、主神ゼウス（ジュピター）、結婚の女神ヘラ（ジュノー）、海の神ポセイドン（ネプチューン）、知恵の女神アテナ（ミネルヴァ）、太陽と芸術の神アポロン（アポロ）、月と狩猟の女神アルテミス（ダイアナ）、美と愛の女神アフロディテ（ヴィーナス）、戦争の神アレス（マルス）、商業や競技の神ヘルメス（マーキュリー）、農耕の女神デメテル（ケレス）、かまどの女神ヘスティア（ヴェスタ）と共に、オリンポス一二神を構成する火や鍛冶の神ヘファイストス（バルカン）の神殿（Temple of Hephaistos）が、ギリシャ世界で最高の保存状態を維持して北西の丘に屹立しています。

紀元前六―五世紀の簡素で荘重な柱を特徴とするドーリア式のヘファイストスの神殿は、南北一〇数メートル、東西三〇メートル程の大きさで、紀元前四六〇年―四一五年頃に建てられ、同時期のパルテノン神殿を髣髴させるのに資する建築としても知られています。ヘファイストスの神殿内の奥には当初、ヘファイストス像とその左には槍と盾と兜を身にまとったアテナ像が祭られていたようです（P第二巻七六―七七頁、P第三巻二四八頁参照）。七世紀になると、この神殿はギリシャ正教会の聖ゲオルギオス教会として転用され、オスマン帝国からの独立を企図した一八二一年からのギリシャ独立戦争期には、ギリシャ独立支持者（philhellene）として戦没した人々の埋葬所として活用され、一八二九年のギリシャ勝利後の一八三四年には、近代ギリシャ最初の王オソン一世を招聘する舞台となり、一九三〇年代までは博物館として使用されました。

この神殿の北東隣には、紀元前四三〇年―四二〇年に建てられたゼウス・エリテリオスの柱廊（Stoa of Zeus Eleutherios）の跡地があります。かつて、この建物の彫像台（acroterion）

には勝利の女神ニケ（Nike）の像があり、「自由人として語り、行動する（eleutherios）」というゼウスの添え名が象徴しているように（Liddell, Henry George & Scott, Robert, *A Greek-English Dictionary*, [Oxford: Clarendon Press, 1996], p. 532）、この場で人々は自由人の友人と待ち合わせ、散歩をしていました。ここは、ソクラテスが足繁く訪れて友人と語り合っていた場所の一つです。後のローマ時代には、元々カタカナのコの字を左右逆にしたような南北五〇メートル程のこの建物の西、裏側に、イエスと同時代のローマ帝国初代皇帝アウグストゥス（在位前二七年—後一四年）や（ルカによる福音書2章1節）、後のハドリアヌス帝に対する皇帝崇拝所が設けられていました。

古代アゴラの東側では、ペルガモンの王アタロス二世（在位前一五九年—前一三八年）の贈り物として、紀元前一五九年—一三八年に建設されたアタロスの柱廊（Stoa of Attalos）が完全に復元されており、幅二〇メートル、長さ一一〇メートルの二階建てのこの建物は、多くの店を構え、人々が出会い、歩き、仕事をする場所でしたが、二六七年にヘルール族によって破壊され、一九五〇年代に漸く修復されました。現在は、古代アゴラ博物館（Ancient Agora Museum）として古代アゴラの発掘物を収蔵しています。古代アゴラにはその他、巨大な市場跡や音楽堂跡もあります。

古代アゴラを出て南へ上って行くと、一般に無料開放されているアレオパゴス（Areopagus Hill）、つまりアレスの丘があり、国政や司法の役割を担う評議会が開かれていましたが、紀元前四六二年にエフィアルテスの民主化改革で実権を失うと（A第一七巻二九四頁。P第九巻四八頁）、殺人や放火、冒瀆等の重罪の裁判に限定され、使徒パウロが一世紀半ばにこのアレオパゴスの議員ディオニシオをキリスト教に改宗させています（使徒言行録17章16―34節。テサロニケ人への手紙一3章1節参照）。これは、パウロの第一回伝道旅行（四七年―四八年。使徒言行録13章1節―14章28節参照）、第二回伝道旅行（四九年―五二年。使徒言行録15章40節―18章22節参照）、第三回伝道旅行（五三年―五七年。使徒言行録18章23節―21章26節参照）のうち、第二回伝道旅行中のことです。

紀元前五世紀以降の民主政において、エクレーシアと呼ばれる民会は十八歳以上の市民男子から構成され、国政に関する最高議決機関でしたが、紀元前四世紀後半から形式化し、キリスト教は、この呼び出された者という意味のエクレーシアという表現を、神に呼び出されたキリスト者の集まり、つまり教会という意味で使用しました。

高台の都市という意味のアクロポリスに入ると、右手南側には、アテナイの演説家、ソフィスト、慈善事業家であるイロド・アティコスの寄贈により一六〇年から一六九年にかけて造られたイロド・アティコス音楽堂（The Odeion of Herodes Atticus）があります。六〇〇〇人を収容できる半円形階段状の観客席を前に、哲学の講義も行われていたそうです。二六七年のヘルール族による破壊後は、後期ローマ帝国時代に防壁の役割を果たし、一九三〇年代からは音楽や演劇の舞台として再活用されています。

少し戻って、入口とは反対の方向に進むと、アテナ・ニケ神殿（The Temple of Athena Nike）に着きます（A第一七巻三一七、三二〇頁参照）。この神殿は、ペルシャ戦争（紀元前五〇〇年—紀元前四四九年）での勝利を記念して紀元前四二〇年代に建てられたもので、勝利の女神ニケが飛び去らないようにと翼を切り取られたニケ像や、アテナの着座像も置かれていました。

アクロポリスの中央に聳え立つのが、主としてドーリア式のパルテノン神殿です。パルテノンとは乙女の部屋という意味で、エフィアルテスと共に民主化政策を進めた紀元前五世紀の政治家ペリクレス（紀元前四九五年—紀元前四二九年）の下で（A第一七巻二九六頁参照）、フェイディアスが総監督になり、内部に高さ一二メートルの守護神アテナを含む、幅三一メートル、長さ七〇メートルの神殿を紀元前四三二年に再建しました（A第五巻二七〇頁、A第一〇巻一五四頁。P第一〇巻二九—三〇頁参照）。これもペルシャ戦争後の勝利記念です。時代の変遷と共に五世紀にはギリシャ正教会のアギア・ソフィア聖堂に、一五世紀にはオスマン帝国下のモスクになり、火薬庫となっていた神殿は一六八七年にベネチア軍の砲撃によって爆破され、一九世紀冒頭にはイギリス大使のエルギン伯トーマス・ブルースらの収集作業によってアクロポリスの大量の大理石作品がイギリスに持ち出されて、大英博物館に移されました。これらの収集物はエルギン・マーブルズと呼ばれ、一六八六年にオスマン帝国下で解体されたアテナ・ニケ神殿の浮彫も含まれます。

パルテノン神殿の裏手には、女神ローマと皇帝アウグストゥスの神殿（The Temple of Rome and Augustus）跡があり、直径九メートル弱で高さ七メートル程の円形の建物だったと考えられています。これはアクロポリスで唯一のローマ神殿であり、アテナイ市民がオクタウィアヌスの敵であったアントニウス（紀元前八三年―紀元前三〇年）を支持していたという背景があったため、オクタウィアヌスが紀元前三一年のアクティウムの海戦の勝利後、紀元前二七年に元老院から尊厳者という意味の称号アウグストゥスを与えられてから一〇年以内に完成したのですが、恐らく慌てて造られたと想定されます。ゼウス・エリテリオスの柱廊の裏手に設けられた皇帝崇拝所と同様、ローマ帝国の政治的影響力を想起させる場所です。一九八七年に「アテネのアクロポリス（Acropolis, Athens）」は、ユネスコによって世界文化遺産に登録されました。

アクロポリスを出ると、アクロポリスの東南端の向かいにアクロポリス博物館（Acropolis Museum）があり、パウロがアテネの「町が偶像で満ちているのを見て、彼の中にある彼の霊が憤りを感じていた」という（使徒言行録17章16節）、数々の彫像が収集されています。この博物館とアクロポリスの間には、歩道としてはアテネ一長い「アレオパゴスのディオニシオ」通りがあり、アクロポリス西隣のアレオパゴスの西側に同様にして長い「使徒パウロ」通りがあることは、真にキリスト教国ギリシャを感じさせます。

アクロポリスから北西に数キロ程の所に、プラトンのアカデメイア遺跡公園（The Archaeological Park of Plato's Academy）があります。徒歩でも行ける距離ですが、快晴の夏の午後、暑さの余りタクシーを使いました。タクシーの運転手に聞くと、その時の温度は四四度で、最近では四八度も普通にあり、暑い日は五一度にもなったそうです。しかし、湿度が低いので汗ばむことはなく、代わりに水分補給や帽子着用が必須です。ペットボトル入りの五〇〇ミリリットルの水は、市街地のスーパーマーケットでは〇・一六ユーロでしたが、例えばアレオパゴスの丘の上ではちょうど一ユーロでした。何本ものボトルの入った籠のストラップを肩に斜めがけにした人が、売り物として下から持ち上がって来た様子です。当時、一ユーロは百数十円程度でした。

元々アカデメイアとは、伝説上の英雄アカデーモスの聖地を指し、紀元前六世紀にこのアカデメイアに、アポロン・リュケイオス（＝狼神アポロン）の神殿のあったリュケイオンや、伝説上の英雄ヘラクレスの聖地キュノサルゲスと同様に、アテナイの三大ギュムナシオン、つまり、青年男子が裸（グムノス）で体育を行う建物の一つが造られ、数々の神殿や聖なるオリーブ果樹園を含む敷地は、三〇〇メートル、四五〇メートル四方に及びました。紀元前三八八年にプラトンは、このアカデメイアの中の体育場で学校を開始し、物理学、数学、幾何学、天文学を初め、国家を維持するための哲学を重視しました。果樹園は紀元前八六年、ローマの軍人スラ（紀元前一三八年頃―紀元前七八年）によるアテナイ征服により破壊され、最終的に、東ローマ帝国のユスティニアヌス一世（在位五二七年―五六五年）の勅令（五二九年）によってアカデメイアは閉鎖され、現在では一般に無料開放された公園に礎石を残すのみとなっています。

こうした単色で乾燥した古代遺跡と対照的なのが、アテネの繁華街中心に鎮座するミトロポレオス大聖堂です。一九世紀半ばに建設されたこの大聖堂の入口上部外壁の図像では、天使ガブリエルが「神の母（メーテール・セウー）」とされるマリアに対して、「ごきげんよう、恵まれている方（カイレ、ケカリトーメネー）」と祝辞を述べています（ルカによる福音書1章28節）。入口には十字を切って接吻するための聖画像が置かれていますが、今なら人々は投げキッスをしているのでしょうか。中に入ると、ひんやりとした静けさを、聖母子画像や十二使徒画像等、さらに多くの彩り豊かな聖画像が取り囲んでいます。

この大聖堂から東に進んで国会議事堂を超えて少し行くと、リュケイオン遺跡（The Archaeological Site of Lykeion）があります。アリストテレスはリュケイオンの体育場の中の格闘競技場（The Palaestra）で学校を開始しましたが、五〇メートル四方の当時の格闘競技場の建物の内側には数十メートル四方の中庭があり、相手が意識を失うか、片手を上げて降参の合図をするまで勝敗を競う拳闘（boxing）や、この拳闘とレスリングを組み合わせた総合格闘技（pancration）も行われていました。この総合格闘技では、ある時期には相手の目玉を抉り出すことと噛み付くこと以外のすべてのことが認められていたと言われています。この建物には、競技者の更衣室、肉体美を示すための塗油を行う部屋、恐らく滑り止めの塗砂を行う部屋、天井からサンドバッグが吊り下げられた部屋、浴室、教室等があり、種々の教育目的のためにも活用されました。このような場所にアリストテレスは多くの写本や標本を集め、様々な学問を教授したのです。格闘競技場の建物は、紀元前四世紀後半から造られて四世紀初頭まで七〇〇年間も維持されましたが、最終的にユスティニアヌス一世の勅令（五二九年）によって閉鎖されました。

当時の体育場は政情を反映して、軍事教練場の役割も果たしていましたが、リュケイオンやアカデメイアは、ソクラテス等の哲学者たちを含む大人が少年愛を育む所でもありました（P第五巻一二五―一二六頁、P第七巻一七〇頁、P第一五巻一六二頁。A第一巻六頁、A第三巻一七一頁参照）。また、後に古代ローマ帝国による大衆懐柔政策を「パンと見世物」、より正確には「パンと戦車競争（Panis et circenses）」と表現したことで有名な二世紀前半の諷刺詩人ユウェナーリスが、人は「健全なる肉体に健全なる精神が宿るようにと（ut sit mens sana in corpore sano）」神々に願うべきであると説いたように（ユウェナーリス『サトゥラェ――諷刺詩――』〔日中出版／一九九五年〕二二六、二三七頁）、体育場で肉体を鍛え、新しく始められた学校で精神も鍛えることは、当時の一般的な良識であったのでしょう。

アテネの巡検は、リュケイオン遺跡等でこの日の一区切りとしましたが、入場料一〇ユーロのアクロポリス博物館は別として、ハドリアヌスの図書館、古代アゴラ、アクロポリス、リュケイオン遺跡等は、五日間有効の三〇ユーロの共通券で入ることができて便利です。

三日目はコリントを訪れました。アテネの地下鉄ラリッサ（Larissa）駅に隣接したギリシャ鉄道の通称アテネ中央（Central Athens）駅で、一四・四ユーロの往復切符を買い、一時間強で西方のコリント（Korinthos）駅に到着しました。第二回伝道旅行中にパウロが、何日もかけてアテネからコリントに徒歩あるいは驢馬で来たことを思うと（使徒言行録18章1―18節）、やはり隔世の感があります。

古代ギリシャの四大競技祭は、ギリシャの最高峰オリンポス山のゼウスに捧げるために、ペロポネソス半島北西部のオリンピアで紀元前七七六年から四年ごとの夏に行われたオリンピア競技祭、紀元前五八二年からオリンピア祭の一年後と三年後にポセイドンに捧げるために、ペロポネソス半島東北端のコリントで行われたイストミア競技祭、紀元前五七三年からゼウスにささげるために、イストミア競技祭と同じ年の別日にコリントから南西の方向に位置するネメアで行われたネメア競技祭、紀元前五八二年からオリンピア祭の二年後に、アポロンに捧げるためにコリント湾の北側デルフォイで四年ごとに行われたピュティア競技祭の四つです。時代と場所にもよりますが、短距離走、幅跳び、槍投げ、円盤投げ、レスリング、さらには馬車競争、戦車競争等も行われました（P第七巻二七、一七四―一七五頁）。しかし、これらの競技祭は、三九二年にキリスト教を国教化したテオドシウス一世（在位三七九年―三九五年）によって次々と禁止されていきました。

コリント駅に到着する直前に列車は、コリント地峡を通ってペロポネソス半島に入りますが、イストミア競技祭のイストミアは、ギリシャ語で「狭い通路」を意味するイストモス、つまり地峡に由来します（Liddell, Henry George & Scott, Robert, *A Greek-English Dictionary*, [Oxford: Clarendon Press, 1996], p. 837）。西側をコリンティアコス湾に、東側をサロニコス湾に挟まれたコリント地峡は、古代から交通の要衝として栄え、人々の豪奢な暮らし方から、「コリントする（コリンシアゾマイ）」、つまり娼婦と不品行を行うという単語も生まれた程です（Liddell, Henry George & Scott, Robert, *A Greek-English Dictionary*, [Oxford: Clarendon Press, 1996], p. 981. P第一一巻二二六頁参照）。

一八九三年には、東西の両湾を直結する六・四キロメートルのコリント運河が完成し、後に車道や歩道、鉄道の橋も架けられました。この運河は幅が二五メートル程なので、大型貨物船は通れませんが、例えばエーゲ海からアドリア海への航程を三七〇キロメートルも短縮することができます。

実は、コリント駅からまっすぐにコリント遺跡に向かうつもりだったのですが、この運河を見てから行くことをタクシーの運転手に勧められ、そのまま連れて行ってもらったのです。台地上から水面まで開削された八〇メートルを超す深さは、紀元前七世紀の発案以来、自然に切り込んできた人間の技術の歴史を象徴的に物語っています。

コリント遺跡には、劇場、音楽堂、泉、柱廊の中で最も目を引くのはドーリア式のアポロン神殿ですが、六世紀に建てられた時は、長方形の敷地に三八本の柱が立てられましたが、現在はこの柱が七本のみ立っています。ここから南の方へ向かうと、柱廊や泉、大浴場等に囲まれた中庭の中央に演台があります。これは一世紀に造られたもので、幅七・二メートル、長さ一五・六メートル、高さ二メートル強の台座は、例えば総督が公的祝賀会の際に式辞を述べる場ですが、ペロポネソス半島北部を中心とするアカイア地方の総督ガリオンが（在位五一年―五二年）、ユダヤ人たちから吊るし上げられたパウロをユダヤ人と共に退去させた所でもあります（使徒言行録18章12―17節）。

コリント遺跡内では、「……ゴーゲーヘブラ……」と大文字ギリシャ語で刻印された石が発見され、この敷地内の博物館に展示されています。これは欠損していなければ、例えば「スナゴーゲー・ヘブライオーン」、つまり、「ヘブライ人たちの会堂」と記されていたはずです。この石はパウロよりも後の時代のものですが、パウロはこのコリントで少なくとも一年半、テント造りをしながら、このような会堂で議論をしたり、また、神の言葉を説いてイエスが救い主であることを語っていましたので（使徒言行録18章1—11、18節）、一度はイストミア競技祭を見たと思われます。パウロは後の第三回伝道旅行中、エフェソで五〇年代半ばにコリント人への手紙一を書きましたが（コリント人への手紙一16章8節）、次の激励文はイストミア競技祭に基づくと思われる表現がちりばめられています。

「あなたたちは知らないのですか。競技場で走る人々はすべて走りますが、賞を取るのは一人です。このように、あなたたちは獲得するように走りなさい。しかし、競技をするあらゆる人はすべてのことで節制します。その人々は朽ちる冠を、私たち自身は朽ちない冠を受け取るためにそうします。そこで、このように私自身は見えていないかのように走らず、このように空を打つかのような拳闘もしません。むしろ、私は自分の体を打ち叩いて服従させます。それは、他の人々に教えを説きつつ、自分自身が不適格者にならないためです」（コリント人への手紙一9章24—27節。テサロニケ人への手紙二3章1節参照）。

東ローマ帝国期には、コリント遺跡の演台の台座上に教会が別々の時代に二度建てられたそうですが、後の一八五八年の大地震でコリントは壊滅したため、現在は海岸近くにコリント市があります。

2　テサロニケとフィリピ

四日目は、昼過ぎにアテネ国際空港から北方のテサロニケ・マケドニア国際空港に一時間半程で一っ飛びでしたが、空港から市内へのバスの券売所で売り手に釣り銭を誤魔化されて取り返しに戻ったり、市内までの中途の炎天下で全員がエンジン不調のバスから下ろされ、次の代替バスが来るまでしばらく待たされたり、予想外の時間を取られましたが、バスの中から教会が見えると即座に胸前で十字を切る乗客もいて、実に人は色々です。

ヨーロッパの夏はサマータイムで、夕方からでも一頻り観光が楽しめます。アリストテレスは、テサロニケからエーゲ海へ向かって伸びているハルキディキ半島の東方スタゲイラで生まれましたので、テサロニケの海岸沿いの大通りにある中央広場はアリストテレス広場と名づけられています。この「広場（プラテイア）」は、プラトンの名前をも想起させます。テサロニケという名称は、紀元前四世紀末にマケドニアを支配していたカッサンドロス（紀元前三五八年―紀元前二九七年）の妻で、アレクサンドロス大王（紀元前三五六年―紀元前三二三年）の妹の名前に由来します。

アリストテレス広場から海とは反対の方向へしばらく進むと、一〇〇メートル四方はあるかと思われるローマン・フォーラム（The Roman Forum）に行き当たります。フォーラムは、古代ギリシャのアゴラに相当する行政や商業や宗教の中心地です。テサロニケは紀元前一四六年にローマの属州になり、このローマン・フォーラムは二世紀後半に大規模に再建設し始められ、現代の発掘作業によって、貨幣鋳造所、劇場、浴場、食堂、売春宿、礼拝所等の存在が確認されています。こうした遺跡を目の当たりにしますと、パウロがテサロニケで訪問した「ユダヤ人たちの会堂」も、どこかに埋もれているような気がします（使徒言行録17章1節）。近くのユダヤ人博物館（The Jewish Museum of Thessaloniki）でその想定場所を確認しようとしたのですが、時間の都合で入れませんでした。

そこから、アギオス・ディミトリオス教会（Agios Dimitrios Church）を経て東南の方角に進むと、大きな敷地を占めるテサロニケ・アリストテレス大学の手前に、直径二五メートル、高さ三〇メートルのロトンダ（Rotunda）呼ばれる文字通り「円形の」建物があります（Glare, P. G. W. [ed.], *Oxford Latin Dictionary*, [Oxford: The Clarendon Press, 1982], p. 1663）。これはテサロニケに現存する最古の建物の一つであり、四世紀初頭に恐らく皇帝霊廟として建てられた後に、東ローマ帝国時代（三九五年―一四五三年）には教会に転用され、一五九一年から一九一二年まではオスマン帝国によりモスクとされました。ロトンダはアギオス・ディミトリオス教会等と共に、一九八八年に「テサロニケの初期キリスト教とビザンツ様式の建造物群（Paleochristian and Byzantine Monuments of Thessalonika）」として、ユネスコによって世界文化遺産に登録されました。

ロトンダの近くには、ローマ皇帝ガレリウス（在位三〇五年—三一一年）が、三世紀末の二度目のペルシャ遠征で勝利したことを記念するガレリウスの凱旋門（Triumphal Arch of Galerius）があり、残された柱の周囲にはその戦闘での勝利の様子が生々しく刻み込まれています。この門は、テサロニケの目抜き通りであるエグナティア（Egnatia）街道に位置していますが、この街道は紀元前一三〇年頃に建設され、一世紀半ばにパウロもフィリピとの往復の際に通ったはずです（使徒言行録16章12節、17章1節、20章6節）。

五日目は、ホテルのスタッフに呼んでもらったタクシーで、このフィリピに行きました。往路はアンフィポリスで少し休憩しましたが（使徒言行録17章1節）、片道で数時間もかかります。フィリピの遺跡の近くには、パウロが第二回伝道旅行中（四九年—五二年。使徒言行録15章40節—18章22節参照）、ヨーロッパで最初に洗礼を施した聖リディアの洗礼所（Saint Lydias Baptistery）がガンジテス川沿いにあり（使徒言行録16章13節）、遺跡の横には新しい礼拝堂も建てられ、今でもその小川のせせらぎは健在です。

フィリピという名称は、アレクサンドロス大王の父マケドニア王フィリポス二世（在位紀元前三五九年―紀元前三三六年）が、紀元前三五六年にこの都市を建設したことに由来し、この南側で紀元前四二年、カエサル（紀元前一〇〇年―紀元前四四年）の部下アントニウス（紀元前八三年―紀元前三〇年）とカエサルの養子オクタウィアヌスで後のアウグストゥス（紀元前六三年―紀元後一四年）が、カエサルを暗殺したブルートゥス（紀元前八五年―紀元前四二年）らに勝利したフィリピの戦いの場としても知られています。この前年に結成していたオクタウィアヌスとアントニウスとレピドゥス（紀元前九〇年―紀元前一三年）によるこの世の三頭政治に対して、キリスト教の神の三位一体はアウグストゥスの時代に生まれたイエスを通して真の支配を示すことになります。

遺跡内には、劇場、ローマン・フォーラム、市場、神殿、教会、体育場、浴場等の跡地がありますが、遺跡内の中央を東西に通るエグナティア街道の中央辺りに、パウロが占いの霊を追い出したことで投獄されたとされる牢屋があり、半壊の状態で残っていて中が見えます（使徒言行録16章16―40節）。アドリア海岸からビザンティウムまでを結ぶエグナティア街道は、元々は二台の馬車が通れる程の幅の軍事用として建設されましたが、次第に東西の商業用交通路となり、道中には宿屋（mansio）や馬の交換所（mutatio）も設けられました（Glare, P. G. W. [ed.], *Oxford Latin Dictionary*, [Oxford: The Clarendon Press, 1982], pp. 1074, 1149f.）。紫布商人であったリディアも（使徒言行録16章14節）、この街道を瀕用していたでしょうし、場合によっては、相手に福音を説いていたのではないかとも思われます。

遺跡内の博物館（Archaeological Museum of Philippi）では、アウグストゥス（在位前二七年―後一四年。ルカによる福音書2章1節参照）、ティベリウス（在位一四年―三七年。ルカによる福音書3章1節参照）、クラウディウス（在位四一年―五四年。使徒言行録11章28節、18章2節参照）、ネロ（在位五四年―六八年）等の時代の貨幣があり、各々のローマ皇帝の横顔が分かります。この遺跡は部分的にテサロニケ・アリストテレス大学によって発掘調査がなされていて、また、二〇一六年に「フィリピ遺跡（Archaeological Site of Philippi）」として、ユネスコによって世界文化遺産に登録されました。

テサロニケのホテルに戻り、タクシー運転手に当初ホテルのスタッフに聞いていた料金を支払おうとすると、ほぼ倍の値段を請求されたので、スタッフに確認すると、スタッフは近郊のヴェルギナにあるフィリポス二世の墓だと勘違いしていたことが判明しました。後で調べてみると、確かにこちらの方が一般の観光名所になっています。運転手は運転途中で、知り合いを見かけると声をかけたり、同乗させたりと、陽気な方でした。そう言えば、このホテルの宿泊客からエレベーターで突然、今日行ってきたアフィトスは最高に素晴らしかったと声をかけられることもありました。アフィトス（Afitos）は、ハルキディキ半島の更に先に伸びているカサンドラ半島の一都市です。

夕方、まだ時間があるので、テサロニケのアギア・ソフィア教会（Agia Sophia Church）に向かいました。聖なる知恵という意味のこの教会は、八世紀に建てられたもので、モスクに改装される一五二四年まで大聖堂の役割を果たしていましたが、一九一二年に再び教会とされました。コンスタンティノポリスのアギア・ソフィア大聖堂（＝イスタンブルのアヤソフィア）と同名のこの教会には、やはり九世紀の同型の聖母子モザイク像があります。

翌朝の最終日には、一一世紀に建設されたパナギア・ハルケオン教会（Panagia Chalkeon Church）にも入れました。この教会は煉瓦のみで造られた「赤い教会」と呼ばれるもので、一四三〇年からオスマン帝国領になると、鍋釜商人たちのモスクと呼ばれ、今日に至るまで商人たちの店が近くに残っています。このパナギア・ハルケオン教会もアギア・ソフィア教会も、一九八八年にユネスコによって世界文化遺産に登録された「テサロニケの初期キリスト教とビザンツ様式の建造物群」に属しています。

3　キプロスのパフォス

キプロスは、ギリシャと同じ時間帯のユーロ圏で、東方正教会の一つであるキプロス教会（The Church of Cyprus）に大部分の人が属しています。イギリスのケンブリッジと電車一本でつながったロンドン・ガトウィック空港からは、五時間程でパフォス国際空港（Pafos International Airport）に着きます。空港の東南二〇キロ程の所には、聖なる海に生じた「泡（アフロス）」に由来する美と愛の女神アフロディテの生誕地とされている場所や神殿跡地がありますが（Liddell, Henry George & Scott, Robert, *A Greek-English Dictionary*, [Oxford: Clarendon Press, 1996], p. 293. オウィディウス『変身物語（上）』〔岩波文庫／一九八四年〕一六三頁）、予約していた乗合タクシーでパフォスのホテルに向かいました。後部に荷物用の二輪トレーラーを牽引している大きなタクシーで、数えると乗客だけで一七人も乗っていました。殆どのホテルは地中海に面していて、夕焼けが一段と映えます。パフォスという地名は、キプロスの王ピュグマリオンが自作の乙女像に恋をして、アフロディテに本当の人間に変えてもらって結婚し、その結果生まれた娘パフォスに由来するという伝説もあります（オウィディウス『変身物語（下）』〔岩波文庫／一九八四年〕七三―七七頁）。

翌朝、時間があるので、道すがらパフォスの旅行案内所（Tourist Information Office）で、あれこれ聞いていると、パウロはキプロス伝道を陸路だけでなく、海路も活用して展開し、パフォスまで来たという新説を教えてもらいました（使徒言行録13章6節）。遺跡のあるカト・パフォスの町は、数キロメートル四方もない広さであり、巡検し易く、どこへでも歩いて行けます。パウロは第一回伝道旅行（四七年―四八年。使徒言行録13章1節―14章28節参照）の初めにキプロス出身のバルナバらと共にキプロスに来て、このパフォスで魔術師の働きを制して地方総督セルギウス・パウルスを回心させました（使徒言行録4章36節、13章4―12節）。

聖キリヤキ教会（Saint Kyriaki Chrysopolitissa）という遺跡に入ると、中庭には直径数十センチメートル、高さ一メートル程の聖パウロの柱（Saint Paul's Pillar）と呼ばれる白い柱があり、聖書に直接的には記されていないことですが、案内板には、地元の伝承によると、パフォスの人々がパウロをこの柱に縛り付けて三九回の鞭打ちをしたとあります（コリント人への手紙二11章24節参照）。四世紀に建てられたこの教会の床のモザイクは部分的に残っていて、大文字ギリシャ語で「この私は真のぶどうの木である（エゴー・エイミ・ヘー・アンペロス・ヘー・アレーシネー）」と記されています（ヨハネによる福音書15章1節）。十字架模様の左右下に、大文字ギリシャ語でアルファーとオメガ、つまり、イエスがすべての初めであり、終わりであるということを記しているものもあります（ヨハネの黙示録21章6節、22章13節）。キプロスは、キリスト者として最初の殉教者ステファノの事件を契機とした迫害で離散したキリスト者たちの避難所の一つであり（使徒言行録11章19節）、バルナバが後に再び伝道に来ていますので（使徒言行録15章39節）、教会も成長していたのでしょう。

聖キリヤキ教会から灯台の方へ回り、南進しながら二世紀以降の遺跡を巡検することにしました。七月の炎天下、帽子を何度も水でずぶぬれにしてかぶりましたが、直ぐに乾く程の気象です。水分補給も欠かせません。半円形状の音楽堂オデオン（Odeon）、ギリシャ神話で医術の神アスクレピオスを祭るアスクレピオン（Asclepion）を経て、酒神ディオニュソスを題材とした床のモザイク画の多いディオニュソスの館（The House of Dionysos）に入りました。

一九六〇年代に発掘されたこの館の中でも、ギリシャ中部の農民イカリオスに歓待してもらった返礼に葡萄酒の製造方法を教えるディオニュソスやその右に最初の酩酊者である羊飼い二人を描く図、彼女であるティスベの血まみれのヴェールを見て獅子に殺されたと思って自害したピュラモスのもとに戻って来たティスベも自害してしまうというシェークスピアの『ロミオとジュリエット』の原形のような図、クピードに放たれた矢によって求愛が芽生えたアポロンから逃れるために月桂樹になったダプネを描く図を含む一六室、葡萄の収獲の様子が中央に描かれている四室、ディオニュソスと思われる人物の周囲に夏、春、冬、秋を人格化した図のある三室、泉に映った自分の姿に魅せられたまま死に絶えたナルキッソスが描かれている二室等が見物です（オウィディウス『変身物語（上）』〔岩波文庫／一九八一年〕三二一—三三七、一一七—一二一、一三九—一四五頁）。

更に南進すると、ローマの地方総督が七世紀初頭まで住んでいた居住地があり、テセウスの館（The House of Theseus）と呼ばれています。クレタ島の迷宮ラビュリントスに幽閉されていた半人半牛ミノタウロスを倒すアテナイの英雄テセウスのモザイク画や（オウィディウス『変身物語（上）』〔岩波文庫／一九八一年〕三一三—三一五頁）、槍で武装するアフロディテのモザイク画が有名です。

どうやら、いつのまにかパフォス遺跡（Nea Pafos Ahrcharological Site）に入り、観覧順を逆進してきたようで、最後に立派な入口で入場券を買って遺跡を後にしました。港には、パウロの出航を見送ったと思われる波止場の大きな残骸がありました（使徒言行録13章13節）。パフォスは、一〇世紀半ばからイスラム諸王朝の拡大と共に荒廃していきますが、一九八〇年に町全体が「パフォス（Paphos）」として、ユネスコによって世界文化遺産に登録されました。

4　クレタ島のイラクリオン

三日目の早朝、飛行機の便の都合上、予約しておいたタクシーで一時間半かけてキプロス島東部のラルナカ国際空港（Larnaka International Airport）まで行き、一時間半ほどでアテネ国際空港に着いたものの遅延便であったため、乗り換え予定便には乗れず、後続便で一時間と少し飛んでクレタ島のイラクリオン国際空港（Heraklion International Airport）に着き、バスで旧市街に向かってホテルに入ったのは一九時でした。外はまだ明るく、イラクリオンの旧市街も、数キロメートル四方もない広さです。

最初に入ったのは聖テトス教会（The Church of Saint Titus）です。この教会は一二世紀にはクレタ島最大の教会となり、一三世紀にはヴェネツィア人がカトリック教会に転用し、一七世紀にはオスマン帝国がモスクに改築し、地震や火事を経て、一九一三年にクレタ島がギリシャ領になった後の一九二五年、東方正教会の一つであるクレタ教会（The Church of Crete）の管轄下に置かれています。聖テトス教会の礼拝堂（Chapel）の祭壇には、テトスの頭蓋骨とされているものが安置されています。テトスがパウロの弟子としてクレタで教会の制度化の役割を任せられたことは（テトスへの手紙1章5、12節）、使徒言行録には記録されていないことですが、様々な評価をされてきたクレタという場所が（テトスへの手紙1章12節。P第八巻一八五頁、P第一三巻二一、二八、九四頁、A第一五巻七九頁）、紀元前から歴史のある重要な場所であることには間違いありません。

さらに町中へと進み、今や市美術館（Municipal Gallery）となった聖マルコ聖堂（Basilica of St Mark）を経て少し行くと、クレタ島最大の教会である聖ミナス大聖堂（Agios Minas Cathedral）に着きます。一九世紀後半に建設されたこの大聖堂は、三―四世紀のエジプトの殉教者メーナースに捧げられており、聖堂内は聖書の種々の場面を主題にした多くの色彩豊かな聖画像で満ちています。

四日目は、バスで近くのクノッソス宮殿を訪れました。旧宮殿は紀元前一九〇〇年頃に建てられましたが、二〇〇年後に地震で崩壊した旧宮殿の代わりに新宮殿が建てられ、イギリスの考古学者アーサー・エヴァンズが二〇世紀初頭から、この新宮殿の本格的な発掘と復元に尽力しました。二万平方メートルの敷地に複層階からなる宮殿には、礼拝所、集会場、貯蔵室、住居、作業室等がありましたが、使用されたのは、海を渡って到来した人々が流入する紀元前一四五〇年頃まででした。その後の時代の礼拝所からは、石製の両刃の斧（stone double axe）や粘土製の祈願像（votive clay idol）が出土しており、この神と人、天と地の両方を支配することを象徴する「両刃の剣（labrus）」というギリシャ語から「迷宮（laburinthos）」、そして、英語の「ラブリンス（labyrinth）」という表現が新造されました（Liddell, Henry George & Scott, Robert, *A Greek-English Dictionary*, [Oxford: Clarendon Press, 1996], pp. 1021, 1357. P第一三巻七一頁参照）。エヴァンズは、壁に両刃の剣の印があった場所を両刃の剣の広間（Hall of the Double Axes）と名付け、王の居住地であると考え、これより小さい近くの部屋を女王用であると考えました。この部屋には元々、有名なイルカのフレスコ画等がありましたが、現在は他の発掘品と共にイラクリオン考古学博物館（Archaeological Museum of Heraklion）に移設されています。

再び旧市街に戻り、この考古学博物館に入ると、クノッソス宮殿の発掘品の実物を堪能できます。伝説によると、クレタ島の王ミノスは、妻パシパエが木造りの雌牛の中に入って荒々しい雄牛と通じて産んだ牛頭人身の子ミノタウロスを、絶技を奮う甥を丘から突き落としたためにアテナイから亡命していた名工ダイダロスに築造させた迷宮に幽閉したとのことです（オウィディウス『変身物語（上）』〔岩波文庫／一九八一年〕二八二、三一三―三一五頁）。この博物館には、この迷宮の数メートル四方の木造模型があるので、その複雑な構造が一目瞭然です。宝飾品や生活用具の展示と共に、特に興味深いのは、疾走する牛の上でアクロバットを行う選手のフレスコ画です。クレタ島で盛んであった種々の競争や体操、狩猟等は、後のオリンピア競技祭の先駆けでもあったようです（P第一一巻三四〇頁、P第一三一巻五六、四七八頁参照）。

5　クレタ島のアギオス・パブロス

四日目の午後から、ホテルのフロントで予約してもらったタクシーで、クレタ島南部の海岸へ行きました。今回も陽気な運転手で、日本から来たと言うと大変喜んでくれて、まずはその運転手の自宅に招かれ、長持ちする日本製品の愛好者であるお連れ合いに挨拶してから、アギオス・パブロス（Agios Pavlos）、つまり「聖パウロ」と呼ばれる海岸に向かいました。

実は、ホテルのフロントのスタッフに相談をした時に、聖書巻末のクレタ島の地図を示して、パウロがローマへの護送中に寄港した場所を訪ねると、アギオス・パブロスの方を勧められたのです。聖書ではパウロは、「ラサヤ（Lasaia）」の近くの「良い港（Kaloi Limenes）」に寄港したとあり（使徒言行録27章8節）、現在の地図でも「良い港（Kali Limenes）」という場所が、「ラサイア（Lassaia）」の西にあります。アギオス・パブロスは、そこから北西にかなり離れた所にあります。

山道が多く、アギオス・パブロスに到着するまで二時間以上もかかりました。車から降りて浜辺に着くと、数十人の海水浴客がいて、足元の透き通った海水は、水平線に向かって濃厚な一碧の海となって広がっています。山側の聖パウロ教会（Agios Pavlos Church）という案内板の矢印に従って階段を上って行くと、十字架を掲げた塔が見え、近くに二つの洞窟がありました。運転手によると、そこはパウロが寝泊まりした場所だというのです。どちらも人の背丈よりはやや低い高さで、数メートル以上の幅と奥行きのあるその洞窟に入って振り返ると、海が見渡せます。また、外に出て少し歩くと、いつの時代のものか分かりませんが、波打ち際には、船首を受け入れられそうな隙間が幾つかある大きな岩盤が見えます。

クレタ島の南東部イエラパトラ（Ierapetra）出身のこの運転手は、海の東の方に手を伸ばして、晩年のパウロは自分たちの故郷辺りまで伝道に来たということを、小さい頃から家族や親戚に聞かされたと語っていました。パウロのいわゆる伝道旅行は三回に限られず、もっとあちこち旅したはずだとも言うのです。確かに、使徒言行録の最後はパウロが伝道を継続していることを明示しているので（使徒言行録28章31節。テトスへの手紙1章5節参照）、その後の活躍も、クレタ島の「良い港」への寄港後の「かなりの時（ヒカノス・クロノス）」にしていたことと同様に（使徒言行録27章9節）、否定できません。

行きの山道では運転中に十字を切っていたので、私が訪ねると、運転手はこの谷の下に小さな教会があると言い、帰りの山道では見晴らしの良い場所で降りて、まだ雪が残っているると感激して、クレタ島の最高峰、二四五六メートルのイディ山（Oros Idi）の高嶺を崇めるように指差していました。イディ山は神話上、ゼウスが生まれたとされる洞窟のある神聖な山です。島なら、エーゲ海のナクソス島がベストだが、美しい小さい島が他にもたくさんあると強調していました。ナクソス島は、ディオニュソス崇拝の中心地です。

翌朝の帰途、イラクリオン国際空港で偶然、他の客を迎えに来ていたその運転手に再会しました。イギリスへ向かう機内からエーゲ海を眺めつつ、いい寄り道をたくさんさせてもらえたと思いました。

第４章　トルコへの旅

イスラム教とキリスト教

１　イズニック

トルコ旅行実現の際には必ずイズニックを訪問するという決心をして、数十年もたちました。三二五年に当時はニカイアと呼ばれた地で成立した三位一体論に、学生時代から興味を持っていたからです。この地は、紀元前三一六年頃にマケドニア王アンティゴノス一世が建設してアンティゴニアと命名しましたが、紀元前三〇一年に次の支配者となったリュシマコスが、その妻の名ニケから「勝利の町」という意味のニカイアとしました。

八月上旬の早朝にイギリスのケンブリッジを出発し、ロンドン・ガトウィック空港からはイスタンブルの北方の黒海側にある新空港へ四時間の空の旅ですが、現地で時計を二時間進めます。新空港完成前の古い旅行ガイド本しか携行していなかったため、値段表示のないバス券売所で売り手に釣り銭を誤魔化されていたことに、バス乗車時に気付かされて再び取り返しに戻ったりしましたが、新空港から旧市街までは快適なバスに一〇〇分乗っても一二トルコリラ（＝二四〇円）と、トルコではバスに限らず物価が非常に安いことも魅力的でした。この空港もそうですが、西欧や中東では人の集まる所では機関銃を手にした軍人をあちこちで見かけます。現地の人は、だから安心だと言います。ホテルに着いた時は一九時半で、近辺で何人かのタクシー運転手にイズニックまでの往復運賃の相場を確認し、スーパーでターキッシュ・ディライトというお菓子等の食料調達もしました。お酒の販売をしている店は限られています。

翌朝、結局一番安かったホテル・タクシーで、ボスポラス海峡を超えて、フェリーでマルマラ海を南に渡り、ひた走りに走り、午前中三時間一〇分でイズニックの中心地点の時計台まで送ってもらいました。その後は、単独行動でまず目の前のアヤソフィア・モスク（Ayasofya Mosque）に入りました。このモスクは、四世紀に古代ローマ時代の神殿跡地に建てられたアギア・ソフィア教会が一一世紀の地震後に改築され、一四世紀にモスクとされて再改築を経ましたが、一九二〇年にギリシャに破壊された後、二〇〇七年に修復され始め、二〇一一年からモスクとして再生しています。

キリスト教にとって重要なのは、第七回公会議（＝第二回ニカイア公会議）が七八七年に、このアギア・ソフィア教会で開催されたことですが、それは、ビザンツ皇帝レオン三世が聖画像を偶像崇拝の契機になりかねないとして七二六年に聖画像禁止令を発布したことの是非を審議するためでした（出エジプト記20章4節）。コンスタンティヌス六世の摂政で後のビザンツ女帝イリニ（在位七九七年―八〇二年）が、三〇〇名以上の主教を召集したこの公会議では、聖画像に対する「礼拝（ラトレイア）」は禁止されましたが、「崇敬（プロスクネーシス）」は承認され、最終的に後の八四三年には、聖画像崇敬という形で聖画像が維持されることになりました。聖画像に対しては、神に対するような礼拝は禁止ですが、聖画像「に進み出て（プロス）」「接吻をする（クネオー）」ような崇敬は認められたのです（Liddell, Henry George & Scott, Robert, *A Greek-English Dictionary*. [Oxford: Clarendon Press, 1996], pp. 1010, 1032, 1497ff., 1518参照）。特に、教会は伝道や教育のためにも聖画像を必要としました。

次に、現地の流しのタクシーを止めて乗り込み、運転手にイズニックでの訪問予定場所を何箇所か地図と写真で示すと、「オン」、つまり、「十」トルコリラ（＝二〇〇円）と言うので、その安さに驚いてもう一度確認すると、やはり「オン」とはっきり言うので、そのまま回ってもらいました。何よりもまず急行してもらったのが、三二五年の初夏にコンスタンティヌス大帝（在位三〇六年―三三七年）によって二五〇名以上の主教が召集された第一回公会議（＝第一回ニカイア公会議）の開催地、ローマ皇帝の夏の宮殿跡地です（Wilson, Mark, *Biblical Turkey A Guide to the Jewish and Christian Sites of Asia Minor*, [Istanbul: Ege Yayinlari, 2014, 3rd], pp. 352, 375f.）。東西と南北に十字に交差する目抜き通りが各々一・五キロメートル程の小さなニカイアの町の西側に位置する湖沿いと湖面には、恐らく後の地震により崩壊したと思われる宮殿の基礎部分の残骸が見えます。ここで一七〇〇年前、アタナシウス（二九六年頃―三七三年）の活躍の下、神の御子イエスは真の神に由来する真の神として、父なる神と「同一本質（ホモウーシオス）」であることが確認されたのです。

そして、トラヤヌス帝（在位九八年―一一七年）の時代に建設され始めたローマ劇場跡等に寄ってもらった後、再び一人で街中を歩いて、小さなタイル工房、商店街のパン屋や八百屋等を見てから、待ち合わせていたホテル・タクシーでイスタンブルに戻りました。イズニックにいたのは僅か七〇分でしたが、これまでの生涯で最も貴重な昼休みでした。

2　イスタンブルのアヤソフィア

夕方にホテルに到着した後、次に向かう先は近くのアヤソフィアです。アヤソフィア等の位置する旧市街を中心地とする往時のビザンティウムは、ギリシャ人が紀元前七世紀にこの地に植民して、「ビザンティオン」（現イスタンブル）、つまり、「密に押し込まれた（ブゼーン）」都市と命名したことに由来します（Liddell, Henry George & Scott, Robert, *A Greek-English Dictionary*, [Oxford: Clarendon Press, 1996], p. 333 参照）。確かに、黒海とマルマラ海に挟まれた町は、押し込まれたような地形です。また、植民市建設者ビザスからその名が採られているとも言われています。イスタンブルという名称は、ギリシャ語の「都市の中へ（エイス・テーン・ポリン）」の変形です。

コンスタンティヌス大帝（在位三〇六年―三三七年）が、三二五年に後のビザンツ帝国の首都となる「コンスタンティノポリス」（現イスタンブル）に、つまり、「コンスタンティヌスの都市」に建設開始し、ユスティニアヌス一世（在位五二七年―五六五年）が五三七年に完成させたアギア・ソフィア大聖堂は、幅七〇メートル、奥行き八〇メートル、高さ五〇メートルの大規模建築で、一四五三年のビザンツ帝国崩壊後はイスラム教のモスクに改築されてアヤソフィアとなり、内部のモザイク画に漆喰がかぶせられましたが、一九二三年にトルコ共和国の成立と共に近代化が進められると、一九三〇年代半ばにアメリカの調査団によって漆喰の下のモザイク画が発見され、アヤソフィアは無宗教の博物館になりました。アヤソフィアやブルーモスクを含む「イスタンブル歴史地域（Historic Areas of Istanbul）」は、一九八五年にユネスコによって世界文化遺産に登録されました。

しかし、イスラム色を強めるトルコのエルドアン大統領は、二〇二〇年七月に行政裁判所の判断に基づいてこの博物館をモスクに戻す大統領令に署名し、今では礼拝の際にはキリスト教関連のモザイク画は開閉式のカーテンで隠され、公開時に観光客に課せられていた七二トルコリラ（＝一四四〇円）の入館料は、モスク化に伴って無料になりました（『朝日新聞二〇二〇年七月二五日［国際14版］』5頁参照）。

代表的なモザイク画には、聖画像崇敬が承認されてから八六七年までには作成されたと考えられる最奥上部の「聖母子（Virgin and Child）」、入口上部の「キリストの前にひざまずく皇帝レオン六世（Leo VI kneeling before Christ）」（九〇〇年頃）、南口上部の「聖母子と皇帝コンスタンティヌス、ユスティニアヌス（Virgin and Child between Constantine and Justinian）」（一〇世紀末）等があり、階上廊には、「キリストと皇帝コンスタンティノス九世モノマコスと皇妃ゾイ（Christ and Constanine IX Monomachos and Zoe）」（一〇四二年）や、「聖母子と皇帝ヨアンニス二世コムネノスと皇妃イリニ（Virgin and Child with John II Comnenus and Eirene）」（一一一八年―一一二二年）、また、この世の救済を嘆願する聖母マリアとバプテスマのヨハネの立像の間に座るキリストを表す「デイシス（Deisis」（一三世紀末）等があります。

「聖母子」は、聖画像復活の勝利を象徴し、「キリストの前にひざまずく皇帝レオン六世」は、この大聖堂に入るすべての人々にもひざまずくことを命じ、「聖母子と皇帝コンスタンティヌス、ユスティニアヌス」は、コンスタンティノポリスも大聖堂もキリストに献呈されたものであることを示し、キリストに献金をしている皇帝夫妻像は二つ共、人々に同様にして教会に献金をするように促しており、「デイシス」には、第四回十字軍（一二〇二年―一二〇四年）によって占領されたコンスタンティノポリスが奪還された一二六一年の後に、今後のコンスタンティノポリスの守護を求める願いが込められています。

また、遠近感の乏しい平面的な印象を与えるこれらのモザイク画は、例えばキリストが皇帝たちと同じ地面に生きたこの世の救い主であることを教え、明暗比が乏しく全体的に明るい画面は、「キリストの前にひざまずく皇帝レオン六世」の中でキリストが持つ書に大文字ギリシャ語で「平和があなたたちにあるように。私こそこの世の光である（エイレーネー・ヒューミン・エゴー・エイミ・ト・フォース・トゥー・コスムー）」と記されているように（ヨハネによる福音書8章12節、9章5節、20章19、21、26節）、キリストが光によってこの世を支配していることを表し、主教ではなく皇帝が描かれていることは、ビザンツ帝国において皇帝が教会より優位にあることを示しています。

聖画像禁止令以前に階上廊では、五五三年にユスティニアヌス一世によって一五〇名程の主教が召集されて開催された第五回公会議（＝第二回コンスタンティノポリス公会議）において、既に断罪されていたネストリオスを擁護する著作だけでなく、魂先在説や万物復興説のオリゲネス（一八五年頃―二五四年頃）までも断罪され、また同じ場所で、六八〇年にコンスタンティヌス四世によって一七〇名程の主教が召集されて開催された第六回公会議（＝第三回コンスタンティノポリス公会議）において、キリストにおいて神的意志のみが存在するのでなく、神的意志と人的意志とが存在するという両意論が宣言されました（Wilson, Mark, *Biblical Turkey A Guide to the Jewish and Christian Sites of Asia Minor*, [Istanbul: Ege Yayinlari, 2014, 3rd], pp. 366, 373）。階上廊には中途に立派な大理石の扉（六世紀）があり、主教たちはここから会議室に入ったそうです。

3　イスタンブルのアヤ・イリニ

アヤソフィアを出て、北東に進むとアヤ・イリニがあります。アヤ・イリニは、四世紀に聖なる平和という意味のアギア・エイレーネー教会として建てられ、火災による崩壊後の五四八年にユスティニアヌス一世によって再建されました。案内板によると、最奥上部の円弧の梁の部分に、「天に高殿を建て、地にその基を据える方。その名前は主(He builds his lofty palace in the heavens and sets its foundation on the earth - the LORD is his name.)」という趣旨の言葉が記されているとのことですが（アモス書9章6節参照）、ほとんど見えません。他にキリスト教らしいものとして、その最奥上部の大きな十字架や、教会内の入口近くの両側にある柱の上部の小さな十字架くらいしか見当たりません。今や落莫たる内装で、建物自体もアヤソフィアの数分の一程度の大きさです。

しかし、この場所こそ、テオドシウス一世（在位三七九年―三九五年）によって三八一年に一五〇名程の主教が召集された第二回公会議（＝第一回コンスタンティノポリス公会議）の開催地です。会議の途中からナジアンゾスのグレゴリオス（三二九年―三八九年）が議長となり、第一回ニカイア公会議で定められたニカイア信条を含む正統派諸教会の信条に基づく新たな信条が作成され、特に聖霊の神性を明記して三位一体論の正統性が再確認されました。

アヤ・イリニを出て、さらに北東に進むと国立考古学博物館（Istanbul Arkeoloji Müzeleri）があります。同じ敷地内の古代東方博物館の展示物の中で世界的にも有名なものは、現存する最古の国際条約である「カデシュ条約（Kadesh Treaty）」でしょう。エジプト新王国のラメセス二世（在位紀元前一三〇四年頃―紀元前一二三七年頃）が紀元前一二八六年頃にシリア北部のカデシュでヒッタイトと戦った後、両国間で永遠に平和と兄弟愛を確立しようという紀元前一二六九年の条約内容が、アッカド語で小さな粘土板に彫り込まれています。また、この敷地内の装飾タイル博物館では、イズニック産の秀麗なタイルを間近に見ることができます。

この日は最後に、ブルーモスクとして知られるスルタンアフメット・ジャーミィ（Sultanahmet Camii）に入りました。一七世紀初頭にアヤソフィアと向かい合うように建てられたこのモスクの内壁には、イズニック産の色彩豊かで緻密な模様のタイルが二万枚以上、敷き詰められています。このモスクに向かう途中の店で見かけた絨毯は、玄関マットの倍ぐらいの大きさで、立ち竦んで見とれていると、店員から「一五〇〇ドル！」（＝一五万円）と言われました。すべて手縫いだそうです。ペットボトルの水が一・五リットルで〇・九トルコリラ（＝一八円）、ホテルのテレビのチャンネル数は一五六九で、心地よい驚きの続く一日でした。

4　カドュキョイ

三日目の朝、タクシーでイスタンブルの旧市街とボスポラス海峡を挟んで反対側にあるカドュキョイ（Kadiköy）に寄りました。ここは紀元前七世紀にギリシャの植民市カルケドン（Chalcedon）とされましたが、ボスポラス海流によって魚はビザンティオンの方に運ばれ、さらに、カルケドンへの船の接岸が困難であったため、ビザンティオンの方が繁栄しました（Wilson, Mark, *Biblical Turkey A Guide to the Jewish and Christian Sites of Asia Minor*, [Istanbul: Ege Yayinlari, 2014, 3rd], pp. 370f., 375）。

カルケドンにあったアフロディテ神殿は、教会に改築された後にディオクレティアヌス帝の大迫害（三〇三年）で殉教したエウフェーミア（Euphemia）に捧げられました。この聖エウフェーミア教会で四五一年、マルキアノス帝（在位四五〇年―四五七年）によって五

○○名程の主教が召集されて、第四回公会議（＝カルケドン公会議）が開催され、イエス・キリストが真に神、真に人であり、神性において父なる神と同一本質、人性において我々と同一本質であり、イエスの神性と人性は混合されず、分離もされないというキリスト論が確立されました。当初この公会議はニカイアで開催する予定でしたが、皇帝所在地のコンスタンティノポリスに近いカルケドンに変更されました。また、現在の聖エウフェーミア教会（Ieros Orthodoxos Naos Agias Euphêmias）は移転後の教会であり、元々の所在地は近辺のどこかに位置していたと想定されています。

再びタクシーに乗り込み、神々や聖人の名の下に建てられた神殿や教会を取り囲み、覆いかぶさって櫛比する高層ビルを後方に見送りながら、現代では、「真に神、真に人」の双方を強調するカルケドン信条の均衡が崩壊しているように思えました。

5　エフェソ

タクシーの運転手にそのまま、イスタンブルのアジア側のサビハ・ギョクチェン国際空港（Sabiha Gokcen International Airport）まで送ってもらい、そこからイズミルのアドナン・

メンデレス空港（Adnan Menderes Airport）までは飛行機で一時間半、さらにバスに五〇分、三二トルコリラ（＝六四〇円）で乗って、セルジュク（Selcuk）のホテルに一八時過ぎに到着しました。近くのスーパーで夕食を買いましたが、大粒のブドウ山盛り一皿が四・四五トルコリラ（＝八九円）で、一回では食べきれない程の量でした。

四日目の早朝、五時頃、礼拝の時刻を町中に告げるアザーンの大音響で目が覚め、イスラム教の国に来ていることを改めて実感しました。再び寝て、朝食後に歩いてエフェソ遺跡に向かいました。今回は八月の炎天下、帽子だけでなくタオルも濡らして首に巻きました。紀元前一一世紀にイオニア人が移住して栄えていた「エフェソ（Ephesus）」は栄枯盛衰を経て、一五世紀以降は荒廃し、二〇一五年にユネスコによって世界文化遺産に登録されました。

道中、紀元前六世紀には高さ一八メートルの円柱一二七本からなる大規模な神殿が建てられていたというアルテミス神殿（Artemission Temple）の跡地に寄りましたが、今や復元された円柱が一本建てられているのみで、残骸一部があちこちに転がっています。パウロは第二回伝道旅行（四九年―五二年。使徒言行録15章40節―18章22節）の終盤や（使徒言行録18章19節）、第三回伝道旅行（五三年―五七年。使徒言行録18章23節―21章26節）の前半等でエフェソを訪問しており（使徒言行録19章1―40節）、その時には神殿もご本尊も存在していたようです（使徒言行録19章27、35節）。

この後、交通量の多い車道を歩き始めたのですが、辟易して樹木に囲まれた脇道に入り、しばらくして別の閑散とした車道に出て、左右どちらへ行くべきか悩んでいると、少し先に止まっている小型バスが見えたので、迷わず近づきました。アリストテレスが言うように、道程を知らないため、道が余計に長く感じられてきたのです（第一一巻一〇五頁）。バスの横では、肉付きの良いおじさんがイチジクの木に手を伸ばして実を取り、むしゃむしゃと食べています。話しかけてみると、そのバスの運転手で、観光客の一行を送り届けて、次はエフェソ遺跡に行ってもう一仕事とのことで、私が道に迷ってしまったと言うと、親切にも乗せて行ってくれました。降りる時には、勿論、チップを渡しました。

エフェソ遺跡（Ephesus Archaeological Site）に北の入口から入ると、左手に大きな半円形劇場が見えてきます。パウロは、当時は建設途中だったこの劇場で「アルテミスは偉大だ」と叫ぶ大群衆の中に入って行くことを周囲に止められました（使徒言行録19章28―34節）。私も早まる心を抑えて、右手の道から聖母マリア教会（The Church of Mary）の方へ向かいました。今や幾つかの壁や柱を残して残骸となっていますが、四世紀に建てられた幅三〇メートル、長さ一四五メートルのこの教会で四三一年、テオドシウス二世（在位四〇八年—四五〇年）によって二〇〇名程の主教が召集されて、第三回公会議（＝エフェソ公会議）が開催され、「神の母（セオトコス）」という聖母マリアへの尊称はイエス・キリストの神性を強調しすぎであるとして「キリストの母（クリストトコス）」とすべきであると主張したネストリオスが断罪されました。

原型を想起させるのに充分な保存状態のケルソス図書館（Celsus Library）は、アジアのローマ総督であったケルソスを記念して息子が二世紀初頭に建てたもので、正面には左から知恵（ソフィア）、美徳（アレテー）、思慮（エンノイア）、知識（エピステーメー）を象徴する女性像が立てられています。この建物の正面階段部分に一箇所、ユダヤ人が儀式の際に用いる七本枝の燭台の図が刻印されていますが（出エジプト記25章31—40節、使徒言行録19章8節）、この遺跡ではユダヤ人会堂はまだ発見されていないそうです（Wilson, Mark, *Biblical Turkey A Guide to the Jewish and Christian Sites of Asia Minor*, [Istanbul: Ege Yayinlari, 2014, 3rd], p. 218）。

南の入口から出て、タクシーでエフェソ考古学博物館（Ephesus Archaeological Museum）に戻りました。胸に多くの乳房のようなものを持った二体のアルテミス像のうち、背の高い方が古いものだそうです。展示物には他にも、調剤道具、各皇帝の横顔入りの硬貨、剣闘士の様子を描いた石板等、当時の生活が部分的に再現されています。

最後に、通りすがりのレストランで昼下がりに、羊肉の串刺し一〇本と野菜とご飯と薄いパン数枚が入ったチョップ・シシと呼ばれるセルジュク料理で腹ごしらえをし、聖ヨハネの城と記念碑（Castle and Monument of St John）に足を運びました。

アタテュルク（Atatürk）通りから聖ヨハネ（St. Jean）通りを上って行くと、聖ヨハネ教会（The Church of St John）遺跡があります。この教会は、一世紀の後半の晩年をエフェソで過ごしたとされるヨハネの墓所の上に、ユスティニアヌス一世（在位五二七年―五六五年）によって建てられたものであり、幅六五メートル、長さ一三〇メートルの大規模なものでした。この教会の辺りは、アヤスルックの丘（Ayasoluk Hill）と呼ばれていますが、ヨハネの別称でギリシャ語の聖なる神学者（アギオス・セオロゴス）のトルコ語アヨソロゴ（Ayo Thologo）に由来しています（Wilson, Mark, *Biblical Turkey A Guide to the Jewish and Christian Sites of Asia Minor*, [Istanbul: Ege Yayinlari, 2014, 3rd], p. 226）。

エフェソは、一四世紀の前半にはオスマン帝国の支配下に入り、後半には町の建物は大地震で崩壊し、発掘が開始されたのは二〇世紀に入ってからです。さらに歩き進むと、六世紀に建てられた城の中には、五世紀に建てられた聖堂（basilica）の東部の遺跡があり、この辺りで一世紀末にヨハネは福音書を書いたと言い伝えられています。エフェソ遺跡、エフェソ考古学博物館、聖ヨハネ教会等に入れる一三二トルコリラ（＝二六四〇円）の共通券があり、便利でした。

夕方になっても暑さは収まらず、ホテルに戻ってプールに飛び込みました。暑い国に行く時は、膝から下がジップで着脱可能なジップオフ・トラウザーズ（zip-off trousers）というずぼんが快適です。半ズボンにすれば、プールでそのまま海水パンツとしても使えます。

翌朝は、空港への途上で長ズボンにして、再び一日かけてイギリスに戻りました。

第5章　イスラエルへの旅

ユダヤ教とキリスト教

1　エルサレム

イギリスに研究拠点を置いていたため、ギリシャ、トルコ、イスラエルと少しずつ東へ時間のかかる旅をしました。イスラエルを最後に持ってきたのは、今回の在外研究の大団円という意味もありました。

何度も読んできた聖書の現場を巡るというのは、言わば読礼に対する巡礼であり、静的礼拝に対する動的礼拝です。混合されず、分離もされない期待と不安を胸に、祈る気持ちで八月後半の日曜の夜に、ケンブリッジからバスでロンドン・ルートン空港（London

Luton Airport）に向かい、夜中に出発、四時間半の飛行でイスラエルのベン・グリオン国際空港（Ben Gurion International Airport）に着いて時計を二時間進め、これで月曜の朝の七時半になりました。夜行便は時間の節約にもなり便利です。

イギリス出国の際もイスラエル入国の際も、イスラエルの係官から、渡航の目的、期間、現地の友人の有無、イスラエルからさらに第三国へ出国する計画の有無等を聞かれましたが、親切で若い人たちばかりでした。神は戦う、または、神と戦う者という意味のイスラエルにおける最初の目的地エルサレムは（創世記32章29節）、平和の町という意味ですが、現地では常に安全と時間を計算に入れて行動します。入国審査が終わると、言わばバスとタクシーの中間スタイルのシェルートと呼ばれる乗合タクシーで、空港からエルサレム新市街のホテルまで一時間、七〇シェケル（＝二一〇〇円）で行けました。一〇人程集まれば、出発するという乗合タクシーです。

ホテルに荷物を預けて早速、ヤッファ（Jaffa）通りを南東に進んで旧市街のヤッファ門に向かいますが、エルサレムのホテルには戦争に備えてシェルターがあると聞いていたので、受付でその特別な場所を見せて欲しいとお願いしたのですが、今は戦争はないから心配しないでくれと真面目に言われました。旧市街は座標平面に譬えると、右上の第一象限から時計回りに一周すると、おおよそイスラム教徒地区、ユダヤ人地区、アルメニア人地区、キリスト教徒地区となります。アルメニア人地区とキリスト教徒地区の間の西門がヤッファ門であり、ベン・グリオン国際空港近くのヤッファは、古代からエルサレムの外港として栄え、エルサレム神殿用の材木はこの港から五〇キロメートル以上も離れたエルサレムのこのヤッファ門付近を通して搬入されました（歴代誌下2章5節、エズラ記3章7節。使徒言行録9章36節―11章18節参照）。

ヤッファ門からダビデの塔に沿って南へ進み、最初に向かった教会は、アルメニア正教会の聖ヤコブ大聖堂（St. James Cathedral）ですが、三〇一年、世界でキリスト教が最初に国教とされた国はアルメニアです。この大聖堂はイエスの十二使徒の一人、ゼベダイの子ヤコブが首を刎ねられて殉教したとされる場所に建てられていて、イエスの弟で原始キリスト教団の指導者であったヤコブも祭られています（マタイによる福音書10章2節、13章55節、使徒言行録12章1―2、17節）。したがって、大聖堂入口上部左の方の壁画には、母の膝の上に載せられた殉教者ヤコブの首と、原始エルサレム教会の指導者であったことにより絵画では度々司祭服を纏っているヤコブとが描かれています。

旧市街の最南端のシオンの門から外に出ると、直ぐ近くに、一九一〇年に完成したエルサレム最大の教会であるマリア永眠教会（Abbey of the Dormition of the Virgin Mary）があります。中の丸天井には現代風の聖母子像があり、イエスは右手でVサインをし、左手には、大文字ギリシャ語で「私こそこの世の光である（エゴー・エイミ・ト・フォース・トゥー・コスムー）」と記されている書を持ち（ヨハネによる福音書8章12節、9章5節）、二人の両側には「神の母（メーテール・セウー）」、二人の下にはラテン語で、「見よ、乙女が身ごもって男の子を産み、その名は『私たちと共に神はいる』と呼ばれるだろう（エッケ・ビルゴ・コンキピエット・エット・パリエット・フィリウム・エト・ヴォカビトゥア・ノメン・エイウス・インマヌエル）」と記されています（マタイによる福音書1章23節）。

この教会から出て少し歩くと、イエスが十字架に掛けられる前に弟子たちと過ごした最後の晩餐の部屋（Room of the Last Supper）のあったとされる場所に建てられた一四世紀の建物があり、二〇〇〇年前の面影は想像しにくいですが、人々は座ったり、柱によりかかったりして瞑想しています。ウォーカー博士によると（Dr. Peter Walker, 'Mount Sion: Some reflections,' Monday 19 August 2019）、この「席が整って準備のできた二階の広間」が（マルコによる福音書14章15節）、イエスの十字架刑の前後に母マリアや他の婦人たち、そしてペトロやヨハネが泊まり（マルコによる福音書15章40節、ヨハネによる福音書20章3節）、復活後のイエスが弟子たちに現れ（ヨハネによる福音書20章19、26節）、五旬祭の日に集まっていた人々が聖霊に満たされた場であり（使徒言行録1章13―14節、2章1―4節）、「マルコと呼びかけられるヨハネの母マリアの家」かもしれません（使徒言行録12章12節）。なお、旧市街内にはシリア正教会の聖マルコ教会（San Marcos Church）があり、こちらがその場所だとする見解もあります。旧市街は場所によっては迷宮のように入り組んでいて、私も通りすがりの修道僧にこの聖マルコ教会まで案内してもらいました。

旧市街外にある最後の晩餐の部屋の建物に隣接して、ダビデ王の墓（King David's Tomb）があり、人々は、ヘブライ語で「ダビデ王（ダビデ・メレク）」と記された布に覆われた棺に手を当てて祈っています。確かに、ペトロが、「彼（＝ダビデ）は死んで葬られ、彼の墓場は今日まで私たちの所にある」と説教していたとおりです（使徒言行録2章29節）。

旧市街内の東に位置する「嘆きの壁（Wailing Wall）」と呼ばれる有名な西の壁（Western Wall）は、神殿城壁の一部です。エルサレム神殿は、紀元前一〇世紀にイスラエルの第三代王ソロモンが建て、紀元前六世紀の新バビロニア王国に破壊された後にバビロン捕囚から帰還した人々が再建し、ヘロデ大王（在位前三七年―前四年）が紀元前二〇年に増築しましたが、七〇年にローマ軍によって破壊されました（列王記上6章、列王記下25章、エズラ記

3章8節、マタイによる福音書2章、ヨハネによる福音書11章48節）。神殿城壁の残存部分である嘆きの壁の上部は、後代の増築です。

後代の増築部分を含む高さ二〇メートル、その何倍もの幅の壁には、文字どおり「石垣に生えるヒソプ」が所々に見られ（列王記上5章13節）、人々が十字架上のイエスにぶどう酒を含ませた海綿を差し出す際に用いられたヒソプが想起されます（ヨハネによる福音書19章28節。出エジプト記12章2節）。壁の石と石の間には、祈りの文句が記されていると思われる紙切れが至る所に挟み込まれています。現地への旅行シーズンではない猛暑期に訪問したため、壁に向き合っている参拝者はお互いに一メートル程の間隔を保つことができ、立ったまま、または椅子に座ったまま、祈ったり、聖書を朗誦したりしています。大人も子どももいて、殆どの人は、自分より高い方である神の存在を示すキッパという帽子を頭に載せていますが、黒い帽子と黒い長袖長ズボンに頬ひげを生やしたユダヤ人もいれば、軍服姿のままのイスラエル兵士もいます。男女は左右の区域で分けられていて、向こうの様子は分かりませんが、こちら左側ではユダヤ教の安息日に会堂で行われた成人式バル・ミツバの後のお披露目なのでしょうか、一三歳くらいの少年がトーラーと呼ばれる律法書の巻物を抱えて、壁の前の広場を人々と歌を歌いながら行進していました。

ローマ軍による神殿破壊後、エルサレムはローマ帝国、四世紀末に東西分離したローマ帝国の東側のビザンツ帝国が支配し、七世紀からはイスラム教徒、但し一一世紀末から二世紀弱は十字軍の手に渡り、一六世紀からはオスマン帝国がエルサレムにおけるユダヤ教、キリスト教、イスラム教の三宗教を維持し、第一次世界大戦後はイギリス委任統治領（一九二二年―一九四八年）となり、第一次中東戦争（一九四八年―一九四九年）によって西の新市街イスラエル領と東の旧市街ヨルダン領に分断され、第三次中東戦争（一九六七年）によって旧市街もイスラエルに併合されました。

実は、この日の午前にヤッファ門に入った所にある案内所で、空きのあった当日午後二時から二時間の無料ツアー（Sandemans New Jerusalem Free Tour）に予約を入れて、参加したのですが、そのガイドによると、皮肉なことに中東戦争によって被害を受けた建造物の再建前に発掘調査を行ったために、聖地考古学が進展したとのことです。その他にも、歴史的なこと、地理的なことを随所で解説してくれました。無料とは言え、案内のパンフレットには、参加者一人につき五〇シェケル（＝一五〇〇円）の自発的な寄付が示唆されていました。

その後、再び一人になり、旧市街東の獅子の門（Lion's Gate）に行きました。門の外側の壁には中世に造られた二対、四匹の獅子の浮彫がありますが、これは聖ステファノの門(St. Stephen's Gate)とも言われ、この辺りでパウロ立ち会いの下でステファノが石打ちで殉教した所です（使徒言行録7章58節）。この門の旧市街内側には、イエスの母マリアの両親ヨアキムとアンナの洞窟住居の上に建てられた聖アンナ教会(St. Anne's Church)があり（「ヤコブ原福音書」日本聖書学研究所編『聖書外典偽典第六巻　新約偽典Ⅱ』［教文館／一九八八年七版］参照）、後代の伝承によるものと思われますが、教会の入口には英語で乙女マリアの生誕地(Birth Place of the Virgin Mary)と記されています。その庭には、イエスが三八年間も病気で苦しんでいた人を癒したベトザタの池の遺構があります（ヨハネによる福音書5章1―9節）。この池は現在の地面より二階分くらい下にあり、元々は雨水を溜めることのできる小さな谷間であったそうです。

そこから西へ進むと、悲しみの道(Via Dolorosa)という道沿いに、いわゆるイエスの死刑判決から十字架刑までの一四留(14 Stations)の歩みを辿れます。この歩みによると、二〇〇〇年前にイエスは、エル・オマリヤ学校(El-Omariya School)のある辺りで総督ピラトによって十字架刑に定められ（第一留。マタイによる福音書27章26節）、鞭打ちの教会(Church of the Flagellation)の辺りで鞭打たれ、茨の冠をかぶせられ（第二留。ヨハネによる福音書19章1―3節)、十字架を背負わされた重みで(ヨハネによる福音書19章17節)、アルメニア・カトリック総主教(Armenian Catholic Patriarch)という表示の辺りで躓き(第三留)、悶絶の母マリアの教会(Church of our Lady of the Spasm)がある辺りでマリアを見かけ(第四留)、通りすがりのシモンに十字架を担ってもらい(第五留。マルコによる福音書15章21節)、聖ベロニカ教会(St. Veronica Church)付近で、伝説では「真の似像(ヴェラ・イコン)」というラテン語に由来するベロニカに汗を拭ってもらい、その布に自分の「似像」を残し(第六留。マルコによる福音書5章25節、「ニコデモ福音書[ピラト行伝]」日本聖書学研究所編『聖書外典偽典第六巻　新約偽典I』[教文館/一九八八年七版]第七章参照)、再び躓き(第七留)、聖ハラランボス・ギリシャ正教会(St Charalambos Greek Orthodox Church)の辺りで、付き従って来た女性たちに、「私のために泣いてはならない。むしろ、あなたたち自身とあなたたちの子どもたちのために、あなたたちは泣きなさい」と諭し(第八留。ルカによる福音書23章28節)、聖ヘレン・コプト教会(St Helen Coptic Church)の表札の前辺りで三度目に躓き(第九留)、三三五年にコンスタンティヌス大帝(在位三〇六年―三三七年)によって建てられてから十字軍の時代や近代に再建修復された聖墳墓教会(Church of the Holy Sepulchre)の入口横の聖堂付近で服を剝ぎ取られ(第一〇留)、聖墳墓教会内右手の階段を上がったゴルゴタの丘の上に造られた祭壇のある所で十字架に釘付けにされ（第一一留。マタイによる福音書27章33節）、その左に建てられた十字架像の所で十字架刑によって息を引き取り（第一二留。マタイによる福音書27章50節）、これら二つの間にあるマリア像の辺りでマリアがイエスの遺体を引き受け（第一三留。マタイによる福音書27章56節）、階下のイエスの墓に葬られました（第一四留。マタイによる福音書27章60節）。第一二留の上には、ギリシャ語、ラテン語、ヘブライ語で「ナザレのイエス、ユダヤ人たちの王」の頭文字四つが記されています（ヨハネによる福音書19章19―20節）。

階上の聖堂が開かれた殉教聖堂（Martyrion）となっているのに対し、階下のイエスの墓は三人ずつしか入れない復活聖堂（Anastasia）となっていて、入るのに一時間近く並んだように思います。一八時二〇分から並んでいる時、自分は観光客なのか、巡礼者なのか、研究者なのか、一体誰なのか、元々何のために来たのか等と思い巡らしていましたが、薄暗い聖堂内に入った時、自分はいつも何かを探し求めている求道者なのかもしれないと思われました。

階下には、イエスの遺体に香油を塗った場所とされる大理石板、コンスタンティヌス大帝の母ヘレナが十字架の破片を見つけたとされる場所に建てられた聖堂、多くの巡礼者たちが小さな十字架の印を刻印した壁石等があります。私はむしろ、今日感じたことの断片を心に刻み込んで聖墳墓教会を後にしました。

火曜の午前中、新門（New Gate）から旧市街に入り、ダマスカス門（Damascus Gate）から旧市街を出て、少し北の園の庭（The Garden Tomb）に入りました。ここはイエスの墓の想定所在地の第二候補として知られていますが、この園が発行している公式パンフレットは、ここが、イエスの墓の「歴史的に真正な所在地であると独断的に主張してはいません。礼拝の場所として、救い主の犠牲と勝利を見える形で想起させるものとしての保存を願っています」と明記しています（'Welcome to the Garden Tomb'）。有名な大きな骸骨の面容の岩は、今や長年の風雨でかなり崩れています。この園のすぐ近くのエルサレム・ホテル（Jerusalem Hotel）内のレストランでは、聖地研究家として知られるウォーカー博士と会い、昨日までのエルサレムでのセミナーで配布したという資料や種々の情報をいただくことができました。

その日の午後は、思い切って流しのタクシーを拾ってみて、一時間一四〇シェケル（＝四二〇〇円）とのことで了解し、旧市街外の南から東を回ってもらいました。最初はベン・ヒノムの谷（Valley of Ben Hinnom）に行きたいと運転手に言うと、大変驚かれました。かって、その谷は火葬場であり、「地獄（ゲエナ、ゲヘナ）」の語源です（列王記下23章10節、エレミヤ書7章31節、マタイによる福音書5章22節）。近くの道路からは、木々や周辺の建物が見えるだけで、何の変哲もない場所です。しかし、運転手によると、現在も実際に下の方には墓地があるとのことです。鶏鳴教会（Church of St Peter Gallicantu）は、イエスの逮捕後にその預言どおり、一番弟子ペトロがイエスとの関係を三度も否定した後に鶏の鳴き声を聞いたことに基づいて、大祭司カイアファ（在位一八年―三六年）の屋敷の近郊に建てられたとされていて、その地下には、イエスが監禁されていたとされる牢獄があり、教会の横には、最後の晩餐の後にイエスがゲツセマネの園に向かう時や、ゲツセマネの園で捕らえられて連行された時等に歩いたと考えられる二〇〇〇年前の石の階段があります（マタイによる福音書26章30、36、50、57節）。教会内の案内板には、ペトロやヨハネが復活後のイエスについて説教して捕らえられた後に鞭打たれた場所もこの屋敷だと記しています（使徒言行録5章40節）。渋滞していたダビデの町（City of David）は城壁前を素通りしましたが、イエスが目の不自由な人を癒したシロアムの池の敷地に出口の方から入ると（ヨハネによる福音書章11節）、十人程の大人や子どもが膝まで漬かって水遊びをしていました。オリーブ山に向かう途中、右下のキドロンの谷（Valley of Kidron）には、父ダビデ王に反逆したアブサロムの碑（Absholom's Pillar）が見えます（サムエル記下18章18節、ヨハネによる福音書18章1節）。

オリーブ山の麓には、マリアの墓と教会（Mary's Tomb & Church）があり、大きな洞窟のような所を下って行く途中の両側には、マリアの両親と夫ヨセフの墓とされるものもあり、一番下に、墓を囲む容器の上蓋が透明アクリル板になったマリアの墓とされるものがあります。この教会のすぐ横には、直径数メートルはあると思われるオリーブの木立からなるゲッセマネの園があり（マタイによる福音書26章36節）、四世紀にテオドシウス一世（在位三七九年―三九五年）によって建てられた教会に由来し、ゲッセマネ聖堂（Basilica of Gethsemane）として知られる万国民の教会（The Church of All Nations）は、一九二五年に多くの国々の献金によって再建されたものです。この教会の中には、イエスが寄り掛かり、うつ伏せになって祈ったとされる大きな岩板があり（マタイによる福音書26章39節）、何人かの人も同様にして祈っていました。苦悶するイエスは、処刑回避を父なる神に祈った後に、父なる神の思いを優先するように求めて、後者が実現しましたが（マタイによる福音書26章39節）、誰でもこのような究極の決断をせざるをえない時、たとえ自分の願いが実現しなくても、少なくとも救い主イエスに近づいているように思えました。

オリーブ山を上ると、イエスが昇天の際に付けたとされる足跡のある小さな昇天チャペル（Chapel of the Ascension）があり（使徒言行録1章9節）、この教会の近くには、イエスが弟子たちにいわゆる主の祈りを教えたとされる場所に（マタイによる福音書6章9―13節）、四世紀にコンスタンティヌス大帝の母ヘレナが創建した教会に由来する一九世紀再建の主の祈り教会（Church of the Paternoster）があり、敷地内の壁面には世界各国語で主の祈りが記されています。少し下ると、エルサレムを一望できる場所に一九五五年に建てられた主の泣かれた聖堂（The Sanctuary of Dominus Flevit Church）がありますが、この聖堂建築は、いずれ滅ぼされるエルサレムのためにイエスが涙を流したことに基づいています（ルカによる福音書19章41節）。

こうして、かつて旧市街の排泄物の回収経路だったという糞門まで戻り、タクシーを降りました。種々の本に、場合によっては人の少ない山や谷へは一人で行かないようにという注意書きがあり、タクシーを使いましたが、実際に高低差のあるこれらの距離を真夏に歩くのは時間的にも大変なことだと思います。タクシーの運転手も英語の話せる親切な人で助かり、地獄で始まり糞門で終わった午後の一時を意義深いものにしてくれました。

2　ベツレヘム

水曜は朝からグレース・ツアーズ（www.grace-tours.com）のお世話になり、エルサレムから、パンの家という意味のベツレヘムに連れて行ってもらいました。エルサレムから南に一〇キロメートル弱の所に位置するベツレヘムにはイエスの聖誕教会（The Church of Nativity）があり、聖墳墓教会のあるエルサレムと同様の歴史を経ています。特に、これらの聖地管理権を巡るフランスとロシアの対立は、クリミア戦争（一八五三年―一八五六年）を引き起こしてしまいました。ベツレヘムの方は、二〇世紀末からパレスチナ自治政府が治めているため、エルサレムとベツレヘムの間には検問所があり、現地を知悉した人に案内してもらうことにしたのです。

ベツレヘムから東に数キロメートル離れた町ベト・サフール（Beit Sahur）は、聖書に登場する羊飼いの野だとされていて、羊飼いの野チャペルがあります（Chapel of the Shepherd's Field）。このチャペルは、ダビデの町ベツレヘムで救い主が誕生することを天使が羊飼いたちに告知したとされる場所に（ルカによる福音書2章8―14節）、二〇世紀の半ばに建てられたものですが、元々は五世紀のチャペルに逆上ります。チャペル内には、

「いと高き所では栄光が神に、地では平和が、御心にかなう人々の間に」という天使の大軍による賛美歌がラテン語で記され、その様子が絵画でも描かれています（ルカによる福音書2章14節）。近くには数十人も入れるような洞窟が幾つかあり、エリアス・N・ガリーブ氏（Elias N. Ghareeb）によると、かつて羊飼いは夜になると、このような洞窟に羊を入れ、自らが入口の門となり、火や棒で猛獣を追い払ったそうです（ヨハネによる福音書10章7節）。また、かつて羊飼いは子羊を傷や汚れから守るため、布にくるんで育て、高く売ったことに基づいて、羊飼いたちの見つける救い主の「印」が、「布にくるまれて飼い葉おけに寝ている赤ん坊」とされたとのことですが（ルカによる福音書2章12節）、このことは、救い主が罪を負う人々の高い代価を十字架上ですべて払って一時的な眠りに就くことも示していると思えます。さらに、ベツレヘムもナザレも昔から石の家ばかりで、イエスの父ヨセフは大工というよりも、石工だったかもしれないとのことです。確かに、通常は大工と訳されるギリシャ語のテクトーンには（マタイによる福音書13章55節）、職人一般という意味もあります（Liddell, Henry George & Scott, Robert, *A Greek-English Dictionary*, [Oxford: Clarendon Press, 1996], p. 1769）。少し離れた大通りからは、ある建物の外壁に「花束を投げる人」の壁画が見えましたが、これこそ、あの有名なバンクシー（Banksy）が、職人業を遺憾無く発揮した作品です。この近くには、イエスの祖先のルツが落穂拾いをしていたというボアズの畑地があります（ルツ記2章3節）。

ベツレヘムの聖誕教会は、コンスタンティヌス大帝（在位三〇六年―三三七年）が三三〇年代に建設し、六世紀にユスティニアヌス一世（在位五二七年―五六五年）が再建した教会です。部分的に修復中ですべてを見ることはできませんでしたが、真夏の昼前、殆どどこにも列はありませんでした。イエスが誕生したとされる場所の真上は、大理石の祭壇が設けられ、穴の空いた星型の金具が床にはめられていて、天からこの世に下った光の焦点を示唆しています。ここに一人跪いた瞬間、かつて一九世紀中葉にキルケゴールが、「すべての人間には偉大なる一瞬というものがある」と説いた言葉と同期されたような気がしました（『キルケゴールの講話・遺稿集3』〔新地書房／一九八〇年、原書一八四七年〕四九頁）。

この教会の北隣には、一九世紀末に建てられた聖カテリナ教会（Church of Saint Catherine）があり、その地下洞窟室でヒエロニムス（三四〇年頃―四二〇年）は、ラテン語訳聖書ウルガタの大部分を完成させました。聖カテリナ教会の方から地下に入れてもらうと、幾つかの部屋があり、ある部屋の祭壇下には、ヘロデ大王が誕生したとされる救い主イエスを殺すために、ベツレヘム地域の二歳以下の男の子をすべて殺害した時に犠牲となった赤ん坊の小さな墓とされるものが幾つかあります（マタイによる福音書2章16節）。これらはある意味で、エジプトに逃げたイエスとその家族の身代わりの死を遂げた赤ん坊たちです（マタイによる福音書2章14節）。しかし、そのイエスも後に、天地万物を創造したことを契機とする全責任を、父なる神の身代わりの死として十字架上で引き受けました。

別の部屋の壁石にはラテン語で、「教会博士であり長老である聖ヒエロニムスの往時の部屋」と記されています。ある祭壇には、ヒエロニムスと三人の弟子たちを描いたモザイク画が飾られており、その中で開かれている書には、ラテン語で「聖なる福音の初め。初めに言葉があった。言葉は神と共にあった」と記されています（ヨハネによる福音書1章1節）。さらに奥には、徐々に狭くなっていく洞窟があり、ガリーブ氏によると、その奥で家畜たちの後ろに隠れるようにして、マリアはイエスを産んだそうです。その場所の真上が、穴の空いた星型の金具のある階です。

特に、ガリーブ氏の解説で印象深かったことは、七世紀初頭に東方からササン朝ペルシャがベツレヘムに侵攻してきた時に、この降誕教会を破壊しなかったのは、東方からイエスを拝みに来た占星術師たちにペルシャ装束をまとわせていた壁画があったからだという指摘です（マタイによる福音書2章1―2節）。エルサレムでは、第五留の鞭打ちの教会の入口上部、第五留の印の上部、ゲッセマネの園（Hortus Gethsemane）と記された岩板上部、ベツレヘムでは、近郊の羊飼いの野チャペルの敷地入口看板、ガリラヤ湖畔では、ペテロ首位権の教会、カナでは、我らの主の最初の奇跡聖堂、ナザレでは、受胎告知聖堂に、聖地奪還を目指す十字軍遠征時のエルサレム王の紋章に由来するエルサレム十字架、つまり、十字形を中心に四つの小十字架を配した十字架の印を見かけました。複雑な歴史を経ましたが、聖地の建造物は部分的に残され、再建され、一九八一年には、「エルサレムの旧市街とその城壁群（Old City of Jerusalem and its Walls）」が、二〇一二年には、「イエスの生誕地　ベツレヘムの聖誕教会と巡礼路（Birthplace of Jesus: Church of the Nativity and the Pilgrimage Route in Bethlehem）」が、ユネスコによって世界文化遺産として登録されました。

外に出てみると、聖カテリナ教会の中庭に建てられたヒエロニムス像の足元には、弟子の模造頭蓋骨があり、彼が協力者であった弟子の骨を見ながら翻訳や研究に励んだことを示しています。この教会から車に戻る時に、球形のコロッケのようなファラーフェルという中東の料理をいただきましたが、神の言葉と同様にコロッケも人の命を支えてくれます（マタイによる福音書4章4節）。

最後に、道中、イスラエルとパレスチナの分離壁沿いに意図的に建てられたバンクシーのウォールド・オフ・ホテル（The Walled Off Hotel）に寄りました。ホテルの中には、救命道具だけ流れ着いた海岸、壁をハート型に打ち抜いた少女、監視塔の回転ブランコ、花束を投げる人を描いた絵画が壁に掛けられています。また、ホテル内の博物館には、イギリスがパレスチナでのアラブ人の独立を約束したフサイン・マクマホン協定（一九一五年）や、パレスチナの国際管理を定めたサイクス・ピコ協定（一九一六年）に反して、イギリスの外務大臣バルフォア（Arthur James Balfour）が、パレスチナにユダヤ人国家建設を約束した宣言（一九一七年）に署名する実物大の執務室模型から始まり、イスラエルによるパレスチナの支配を抗議する数々の展示が続いています。

午後、エルサレムに送ってもらってから、時間があったので再び一人で旧市街に行き、聖地で最初のプロテスタント教会として一八四九年に設立されたクライスト・チャーチ（Christ Church）等で一休みしました。

3　ガリラヤ湖畔

木曜は、午前中にタクシーで三時間かけて、東西一二キロメートル、南北二〇キロメートルのガリラヤ湖の西岸ティベリヤ（Tiberias）に移動しました。ガリラヤとは周辺という意味であり、ティベリヤは、ヘロデ大王の子の一人であるガリラヤ地方の領主ヘロデ・アンティパス（在位前四年―後三九年）が、ローマ皇帝ティベリウス（在位一四年―三七年）を記念して二〇年代にガリラヤ湖西岸に建設した都市です（ヨハネによる福音書6章1、23節、21章1節）。移動は長時間でしたが、愉快な運転手は、エルサレムは「聖なる地だが、聖なる人はいない（Holy Land, but no holy people）」、「自分は一日に二五時間も働いている」等、移動中の資料渉猟や整理の手を止めて耳を傾けたくなるような冗句を飛ばしていました。片や、路肩に放置されていた戦車の残骸は、中東戦争の際に使われたものであり、その付近は激戦地であったというようなことも教えてくれました。

午後は、ウォーカー博士に教えてもらったスコッツ・ホテル（Scots Hotel）でタクシーを呼んでもらい、ガリラヤ湖畔を西から北へ回ってもらうことにしました。

七つの悪霊を追い出してもらい、イエスの十字架刑と復活の証人となったマグダラのマリアで知られるマグダラは（ルカによる福音書8章2節、23章49節、24章10節）、塔という意味であり、かつては漁業で栄えた村であり、現在も遺跡発掘が継続中です。特に、二〇〇九年に地表から三〇センチメートル下に一世紀の会堂遺跡が発見され、二九年の貨幣を含む一世紀の貨幣が出土していることは、「ガリラヤ中の会堂に入り、教えを説いて、悪霊たちを追い出した」イエスが、ここにも来たことを示唆しています（マルコによる福音書1章39節）。二〇一九年には隣でホテルが建設中であり、今後多くの人が訪れると思われます。

イーガル・アロン・センター（Yigal Allon Centre）には、一九八六年の渇水の際に、ガリラヤ湖の湖底に埋まっているところを発見された船が復元され、二〇〇〇年から展示されています。粘土に覆われていたために原形をとどめていたこの船は、放射性炭素年代測定法により、イエスと同時代の一世紀のものと判明しました。幅は二メートル程、長さは一〇メートル近くあり、案内板には、一〇種類以上の木が使用され、釘ではなく、ほぞ穴継ぎ方式で組み立てられていることが記されています。船から説教をしたイエスや、漁師であった弟子たちのことが想起されます（マタイによる福音書4章18―22節、8章24節、13章2節）。

七つの泉（Heptapegon）というギリシャ語に由来するアラビア語のタブハ（Tabgha）という名前の村には、イエスがガリラヤ湖畔で少数のパンと魚を増やして大群衆を満腹にさせたことの記念として（マタイによる福音書14章14―21節、15章32―39節）、元々四世紀に建てられたパンと魚の奇跡の教会（Church of Multiplication of the Loaves and Fishes）があり、床にはビザンツ帝国時代の五世紀のパンと魚のモザイク画が残っています。その庭には、直径一メートル程の油搾りの岩があり、四つの円形の窪みと、そこで搾り出された油を受け入れる中央の深い円形の窪みは、上から見ると十字架の形をしています。湖際に行くと、元々五世紀に建てられたペテロ首位権の教会（Church of the Primacy of Saint Peter Mensa Christi）があり、教会内には、復活したイエスがパンと魚を朝食として与えたとされる大きな岩の塊が祭壇とされており、食事後にこの場でイエスはペトロに弟子たちの指導をゆだねました（ヨハネによる福音書21章13―15節）。教会は岩の塊を部分的に覆って建てられており、教会外にも岩は波打ち際近くにまでせり出しているので、何人もの弟子たちが座れたはずです。静かな湖面からは、何匹もの小魚が泳いでいるのが見えますが、岩場には、その方向に向かって遊泳禁止の看板が無造作に立て掛けられています。

少し山に上ると、イエスがいわゆる山上の説教を行ったとされる場に四世紀に建てられた教会跡地近くに、一九二九年に建てられた山上の垂訓教会（Church of the Mount of the Beatitudes）があり、この説教の八節の教えに基づいて教会は八角形に造られています（マタイによる福音書5章3―10節）。殆ど草木花しか見えない山の緩やかな斜面から、湖の東側まで見通すことができ、所々で彩りのある花が際立っています。このような風光明媚な場所に立てること自体が、幸いです。

湖近くに戻り、慰めの村という意味のカファルナウムに行くと、大規模な会堂遺跡が見られます。ここは、ナザレから移住してきたイエス自身の町とも言われ、ローマ軍の百人隊長や税金を回収する人、王の役人もいたことから（マタイによる福音書4章13節、8章5節、9章1、9節、ヨハネによる福音書4章46節）、かなり繁栄していたと考えられますが、イエスは回心しないこの町の滅びを宣言しています（マタイによる福音書11章23節）。カファルナウムの会堂遺跡は、イエスの時代にあった会堂の廃虚の上に数世紀後に建てられた二〇メートル四方の会堂の遺跡であり（マルコによる福音書1章21節、ヨハネによる福音書6章59節）、同じ敷地内の遺跡の中には、オリーブから油を搾り取る石臼や、葡萄等の果物の浮彫もあります。また、ペトロの家とされるものも発掘されています（関谷定夫『シナゴーグ　ユダヤ人の心のルーツ』［リトン／二〇〇六年］四一―五五頁）。

夕方にはティベリヤに戻り、現地の定番料理、聖ペトロの魚（Saint Peter's Fish）を二匹食べてみました。この数十センチメートルの白身魚は、クロスズメダイの一種で、ライムやレモンの汁を絞って食べます。聖ペトロの魚という名称は、カファルナウムでペトロが神殿税を回収する人々ともめていた時に、イエスがガリラヤ湖で魚を釣って来るなら、その魚の口から銀貨が一枚見つかるから、それを納めるといいと言った出来事に基づいています（マタイによる福音書17章27節）。カファルナウムの会堂は、イエスの言葉どおり滅びていましたが、私の食べた魚の口からは銀貨は見つからず、逆に店を出る時に、小さな銀貨一枚分ぐらいのお代を支払いました。

エルサレムでもそうでしたが、今回のタクシーの運転手も陽気なユダヤ人だったので、私が詩編133編1節のヒネマトーブ（見よ、なんという恵み）をヘブライ語で歌うと、一緒に喜んで歌ってくれたり、創世記1章1節の冒頭ベレーシート（初めに）を口ずさむと、その次を朗誦してくれたりしました。外国の中型タクシーでは、長距離乗車の場合を除いて大抵、運転手の隣に座りましたが、ヒネマトーブの節は、「見よ、兄弟が共に座っている。なんという恵み、なんという喜び」とも訳せる歌詞なので、とても受けるのです。

4　カナ

金曜の朝は、六時前に鳥の鳴き声で目覚めました。ティベリヤの繁華街から少し北に離れたホテルの上層階に泊まっていたためか、鳥が窓の外に留まってしきりに鳴いているのです。起きると、朝焼けと共に湖の向こうの山から、空に明るい穴を空けたような太陽が昇り始め、湖面に薄い反射光をこちらに向かって真っすぐに伸ばし、何羽かの鳥がそこをかすめて飛んで行きます。イエスがナザレから湖沿いのカファルナウムに移住して、伝道を開始する時の状況を思い起こします。「異邦人たちのガリラヤ、暗闇に座しているその民は、大きな光を見た。そして、死の陰の地に座しているその人々のために、その人々のためにこそ、光が上った」（マタイによる福音書4章15―16節）。

昨日と同様にタクシーで、まずはティベリヤから西へ二〇キロメートル程移動し、我らの主の最初の奇跡聖堂（The Sanctuary of our Lord's First Miracle）というカナの教会に入りました。カナは葦という意味です。この聖堂は、イエスがある婚礼式の際に石の水がめの中の水をぶどう酒に変えたとされる場所に建てられた教会で（ヨハネによる福音書2章1―11節）、教会の地下室には直径も高さも一メートル程の石の水がめがあり、階段の踊り場に壺や瓦礫も置かれています。なお、こちらのカナは、厳密にはカフル・ケンナであり、ナザレの北方のキルベト・カナとは別であり、どちらが聖書のカナなのかは考古学的にも依然として不明です。

5　ナザレ

カナから東南にさらに何キロメートルか行くと、見張りという意味のナザレの旧市街に着きます。ほぼアラブ人からなるこの町の三分の二はイスラム教徒ですが、三分の一はキリスト教徒です。

車を降りて、真っ先に受胎告知聖堂（Basilica of the Annunciation）に向かいました。ここは、天使ガブリエルから、子どもの懐胎とその子の名前をイエスとすることを告げられたマリアの洞窟住宅とされており（ルカによる福音書1章26―38節）、その上に五世紀に教会が建てられ、一二世紀に再建され、一九六九年に新たに完成されたのが現在の聖堂です。祭壇には、「言葉はここで肉体となった（ヴェルブム・カロ・ヒック・ファクトゥム・エスト）」とラテン語で記されていて（ヨハネによる福音書1章14節）、その奥には洞窟の形態が保存され、当時の様子を偲ばせてくれます。聖堂を出て、売り物を所狭しと並べている市場を少し上ると、イエスが説教をしていたとされるナザレの会堂（ルカによる福音書4章16節）、現在の会堂教会（The Synagogue Church）が見つかります。ここは、石造りの小講堂のようになっており、一九世紀に建てられた教会が隣接しています。聖書には、イエスの説教に反感を持った人々が、イエスを山の崖まで連行して、突き落とそうとしたと記されていますが（ルカによる福音書４章29節）、確かに、上へと歩いて行くと、町が小さな山の上に建てられていることが分かります。また、南方にも山があります。

昼にはティベリヤに戻り、午後はガリラヤ湖面に文字通り足を伸ばしてみましたが、歩くことはできず（マタイによる福音書14章25節）、そのまま泳ぎ、久しぶりにゆっくりしました。ホテルに戻ると、気になって聖書を開いて、この夏の訪問地関連の箇所を読むと、各場面が立ち現れて迫り来るのを感じました。夜には、昨日とは別のレストランで再び聖ペトロの魚を食べ、ガリラヤ湖の半時間の遊覧船に乗り、二〇〇〇年前に同じ場所にいたイエスや弟子たちのことを思い浮かべる時が持てました。

翌日の土曜は安息日であり、公共交通機関は停止しているので、タクシーで空港へ向かい、機内に入りましたが、殆ど安息のない一週間だったと反省しつつ、再び本を読み始めました。

おわりに

禍中、お見舞い申し上げます。

本書はこれまでの拙著ゴスペル・シリーズに引き続き、ユダヤ・キリスト教の観点に基づいて、私自身の心に深く残った西洋古典の話題や聖地関連の紀行を集めたものです。

聖書は何度か通読したことがあるので、ギリシャとトルコとイスラエルを旅行するに際して、今回はアリストテレスとプラトンの全巻も読んで旅行構想を期待感に満ちて練り、次に実際に足を運んで現場を堪能し、最後にこうして懐かしく味到しています。一回の旅行のはずなのに、三度も旅行している気分です。神も父なる神を中心にして世界創造への構想を練り、子なる神において実際にこの世の現場を堪能し、聖霊なる神の働きによって神自身と信仰者たちに対してこれまでの出来事を一つの賜物として回顧させているのかもしれません。

おわりに

今回も各章において哲学、神学、整数、歴史といった様々な学問領域に渡る内容を取り扱いました。やはり、今回も調べ始めると際限のないものばかりですが、再び時間と字数を勘案し、前回と同様、新教出版社代表取締役社長の小林望氏の手にゆだねることにしたいと思います。

この福音を多くの人と共有できることを願って、再び読者の一人ひとりにこの5つの話を贈ります。

宮平　望

著者　宮 平 望（みやひら・のぞむ）
1966年生まれ。同志社大学、ハーバード大学、オックスフォード大学、ケンブリッジ大学などで学ぶ。現在、西南学院大学国際文化学部教授、神学博士。著書には、『神の和の神学へ向けて』、『責任を取り、意味を与える神』、『苦難を担い、救いへ導く神』、『戦争を鎮め、平和を築く神』、『現代アメリカ神学思想』、『神の和の神学入門』、新約聖書「私訳と解説」シリーズ全十二巻、『ゴスペルエッセンス』、『ゴスペルフォーラム』、『ゴスペルスピリット』、『ゴスペルハーモニー』、『ジョン・マクマレー研究』、『ディズニーランド研究』、『ディスニー変形譚研究』などがある。詳しくは、ウェブサイト「宮平望のホームルーム」を参照。

ゴスペルジャーニー
君に贈る５つの話

●

2021年2月25日　第1版第1刷発行

著　者……宮平　望

発行者……小林　望
発行所……株式会社新教出版社
〒162-0814東京都新宿区新小川町9-1
電話（代表）03-3260-6148
振替00180-1-9991

印刷・製本……株式会社カシヨ

Printed in Japan
ISBN 978-4-400-51756-6　C1016